U0899297

生产力规划

THE 30-DAY PRODUCTIVITY PLAN

[美]达蒙·扎哈里亚德斯 著

高剑 译

图书在版编目（CIP）数据

生产力规划 / (美) 达蒙·扎哈里亚德斯著；高剑译. —哈尔滨：哈尔滨出版社, 2020.6
ISBN 978-7-5484-4658-3

Ⅰ. ①生… Ⅱ. ①达… ②高… Ⅲ. ①时间－管理－通俗读物 Ⅳ. ①C935-49

中国版本图书馆CIP数据核字(2020)第060113号

书　　名：**生产力规划**
SHENGCHANLI GUIHUA

作　　者：[美] 达蒙·扎哈里亚德斯　著
译　　者：高　剑
责任编辑：赵　晶　赵　芳
责任审校：李　战
封面设计：返　祖

出版发行：哈尔滨出版社（Harbin Publishing House）
地　　址：哈尔滨市松北区世坤路738号9号楼　　邮编：150028
经　　销：全国各地新华书店
印　　刷：三河市中晟雅豪印务有限公司
网　　址：www.hrbcbs.com　　www.mifengniao.com
E-mail：hrbcbs@yeah.net
编辑版权热线：（0451）87900271　87900272
销售热线：（0451）87900202　87900203
邮购热线：4006900345　（0451）87900256

开　　本：870mm×1280mm　1/32　印张：5.25　字数：120千字
版　　次：2020年6月第1版
印　　次：2020年6月第1次印刷
书　　号：ISBN 978-7-5484-4658-3
定　　价：28.00元

凡购本社图书发现印装错误，请与本社印制部联系调换。
服务热线：（0451）87900278

序言

我们应当养成良好的生产力习惯，并一直坚持下去。这些习惯使我们挤出更多的时间，帮助我们更高效地工作，得益于此，我们就可以在更短的时间内完成更多的工作。

养成良好的习惯固然重要，但我们还应当认识到，正是坏习惯的存在影响了我们的工作效率和时间管理能力。坏习惯之所以出现，也许是因为我们不善于抑制内心的冲动，抑或是因为我们从小到大不断重复强化了它们，但不论是哪个原因都无关紧要。关键是，我们要找出自己身上的这些坏习惯，了解它们给我们的时间带来了哪些不利影响，并采取措施改掉它们。

这就是本书的意义所在。

你也许看过我先前写的《时间力规划》。那本书重点介绍了30个影响我们办事能力的坏习惯，还提供了一步步改掉它们的方法。《生产力规划》延续了这一主题。我们将讨论另外30个可能令你止步不前、使你无法最大限度地利用每天的时间的坏习惯。

文章结构保持不变。和《时间力规划》一样，这本书也分为30个章节。每一章短小精悍，给出了改掉所提坏习惯的切实可行的方法。

记住，“30天”只不过是一种惯例。事实上，你是用一天还是一周的时间来改掉某个坏习惯都无关紧要。重要的是，持之以恒地采取行动，改掉这些习惯，这也将最终决定这本书对你的价值的大小。

我将教你如何去做。就像踢足球一样，你手里握着战术手册。要想成功，你需要采取的一切行动都在接下来的部分写得清清楚楚。然而结果如何，取决于你的表现。倘若你发现某个或某些方法对你来说并不奏效，你大可根据自己的情况做出调整。

养成良好的习惯需要每一天都有目的地采取行动。改掉坏习惯也是同样的道理。你手里握有战术手册，剩下的就看你的执行情况了。

我们先来看看为什么改掉坏习惯那么难。

为什么改掉坏习惯就那么难

我们的不少日常行为都源于后天养成的习惯。通过不断地重复，这些习惯变得根深蒂固。不论好坏，它们使我们形成了一套行为模式，迫使我们一想起什么或一遇到什么就不由自主地做出某种反应。

比如，假设你压力一大就大吃大喝，你在压力大的时候，就会本能地伸手去拿冰激凌、糖果或是曲奇这些垃圾食品。多年来，你一直用这种方式排解压力，这个习惯慢慢在你脑中根深蒂固，你会不假思索地做出这些反应。

我们看不到自己身上的坏习惯，所以很难发现它们。日复一日地重复使这些习惯融入我们的生活，以至于我们几乎注意不到它们。比如，我们一时兴起就登录脸书、优酷和照片墙，全然不考虑浪费的时间。我们打开电视机，只为放松几分钟，却惊讶地发现自己对奈飞（Netflix）上的剧集着了迷，根本没时间工作。面对别人的请求，我们不假思索地说“没问题”，压根没考虑过这么做会给我们的生产力带来多么恶劣的影响。

我们日复一日，一遍一遍地做着这样的事情。我们的习惯，或者说习得的行为在脑海中深深扎根。我们一想起什么或一遇到什么就不由自主地做出某种反应。

问题是，倘若某个坏习惯化为条件反射，我们不断重复它的过程使我们对它视而不见，我们该如何改掉它？

> 习惯的锁链微弱得难以觉察，一旦你意识到它们的存在，它们早已强大到坚不可摧。
>
> ——塞缪尔·约翰逊

意志力是解决之道吗？

我们着手去改掉自己身上的坏习惯时，很容易误以为我们需要的只是意志力。换言之，倘若我们有足够的勇气，就能够抑制内心的冲动。然而经验告诉我们，仅凭意志力远远不够。意志力永远也无法帮助我们改掉坏习惯。

原因很简单，那就是：自我损耗。

清晨，我们从睡梦中醒来，身体里储存了“满满一箱”能量。时间一点点过去，有限的能量慢慢耗尽。每当我们想逼迫自己忍住冲动（比如，好好工作而不去看奈飞上的剧集），就会消耗掉一些能量。我们每做出一次自我控制的决定，就会令意志力油箱上的油表从“满格”向“已空”推进一分。

想象一下，经过八小时高质量的睡眠，你一觉醒来精神抖擞，准备迎接崭新的一天。你油箱里的意志力塞得满满当当，所以比较容易做出自我控制的决定。比如，你为自己准备营养早餐，而不是随便啃几个甜甜圈。

现在来想象一下，一天即将结束，你精疲力尽，十分焦虑，还有点儿恼火。因为你几小时都在做决定，都在控制自己，你的油箱空空如也。想抵制诱惑变得难上加难。你轻而易举就会被它们拉下水。

这便是我们无法单靠意志力来改掉坏习惯的原因。仅凭意志力永远也行不通。即便我们能够控制自己，过几天健康的生活，但意志力油箱一空，我们很容易恢复老样子。

这本书将介绍一种能够更有效地改掉影响生产力的不良行为的方法。为改掉本书接下来的章节中提及的 30 个坏习惯，我们将遵循相应的一步一步的简单计划。这些计划旨在帮助我们养成良好的行为习惯，替代影响我们工作效率的种种做法。

当然，意志力将影响我们（在我们改变习惯的过程中，意志力始终都在影响我们）。重要的是，我们不能依赖它。

改掉“微小的”坏习惯真的那么重要吗?

有些坏习惯似乎无关紧要，要是跟那些会带来真正的灾难性后果的习惯相比，它们就显得更加微不足道。我们很容易忽视它们，还会开导自己：有几个小毛病没什么大不了。比如，和抽烟、赌博、非法吸毒相比，完美主义、同时处理很多事情、将过多的时间浪费在脸书上似乎根本算不了什么。

然而，不良的习惯会产生累积效应。它们不断累积，携起手来将我们的生活搞得一团糟。

你是否感觉自己一天到晚手忙脚乱，却找不出背后的原因？你很可能受到了“微小的”坏习惯带来的累积效应的影响。

想象一下这样的场景：清晨，你躺在床上，不停地按闹钟上的止闹按钮。这会导致你上班迟到，增加你的压力。接着，你对同事们有求必应，又增加了你的工作负担。同时，你容易分心的毛病（你好呀，脸书！）使你无法完成待办事项列表上的工作。你不愿意把事情详详细细地写下来，反倒把它们都装在脑子里，就发现不了遗漏了哪些重要的事情。

当你结束一天工作的时候，往往感到沮丧、疲惫、心灰意懒。这一天糟糕透顶，可你似乎根本不知道其中的缘由。

在这种情况下，你的挫败感、你的疲惫和失望都缘于自己身上那些影响生产力的不良行为。某些行为按说问题不大。就其本身而言，它们的影响似乎微乎其微。然而累积起来，却会带来严重的后果。

撰写《生产力规划》（以及先前出版的另一本书《时间力规划》）的前提是：遏制各种各样浪费时间和精力的小毛病能够显著提高我们的生产力。为此，正如我们在《时间力规划》中所做的一样，我们将仔细分析 30 种这样的习惯，以便改掉它们。

每一种习惯看起来都微不足道。但是我敢保证，只要你改掉它们，就能够大幅提高自己的生产力、效率和自信心。

如何充分利用这本书

如果你曾经看过我写的其他书籍，就一定知道我并不喜欢无休无止地为你欢呼鼓掌。你想改变自己的生活，保持激情固然重要。然而在我看来，除非你能够每天激情满满，否则这种激情的作用会很有限。因此，尽管我会在书中不断地鼓励你，但这本书的重点还是落在可操作的建议上。

你还知道，我很少将重要的篇幅花在探讨我们行为产生的深层心理原因上。这类讨论的确重要，然而在我看来，它的重要性主要体现在我们为改变自己的行为而制订一个个行动步骤的准备工作当中。也就是说，我们没有必要去了解影响我们生活的心理因素。但是，我们必须每天采取行动来推动这一转变。行动胜于调查。

正如我在序言部分提到的那样，不要把精力放在“30 天”这个字眼上。找到适合自己的节奏。采取行动要比按时改掉某个坏习惯更重要。常言道，人生是一场马拉松，并非短跑冲刺。

以下是我建议大家采用的方法：

第一，通读目录。熟悉《生产力规划》的内容。

第二，浏览每个章节，了解文章脉络。倘若你看过先前那本书（《时间力规划》），一定已经熟悉了这种行文架构。

第三，留意哪些习惯对你影响最大。你不大可能被所有这30个习惯纠缠得焦头烂额。即便如此，它们对你的影响程度也不尽相同。所以，依据哪些习惯对你影响最大来做出选择。比如，你也许每天都能够早早醒来（第六天：别再赖床），却总想有的放矢地采取行动（第二十五天：别再等到完美的时机才行动）。在这种情况下，就要优先应对第二十五天的习惯。

第四，决定花费在每个坏习惯上的时间。你也许打算一天改掉一个坏习惯。或许你更愿意用一周，甚至一个月的时间来做这件事情。这一切都由你全权做主。重要的是，你脑子里有个时间表。你可以在改掉习惯的过程中，根据自己的实际情况调整时间表。但开始的时候，一定要做好计划。

毋庸赘述，最重要的是采取行动。我将提出一步步行动步骤，来改掉本书提到的30个坏习惯。做不做由你决定。行不行动直接影响着这本书对你的价值。倘若你看完这本书就将它丢在书架上，就获得不了自己期望的改变。不过，如果你能够使用每一章中的建议，我相信最终结果定会令你大吃一惊，定会鼓舞着你继续改变自己的生活。

话不多说，让我们撸起袖子干起来吧。

目录

第一天
别再让生活越来越凌乱

我们绝大多数人都在生活中积攒凌乱。促使我们这样做的原因很多。

比如，我们留着用不着的礼物，总觉得丢掉它们心里过意不去。我们寄物思情，和东西有了感情，就不愿意丢掉它们。我们有些人囤积了一大堆东西（比如，护肤产品或是食谱），相信总有一天会用到它们。还有些人盼着自己有朝一日能用到某些东西，不断地收集（比如办公用品、钓竿和衣服），却从来没有碰过它们。

如果你和我一样，有时就会容忍自己工作的地方贴满便条，堆满信件和各种各样的文件。

不论是什么原因让你的工作空间变得乱七八糟，你都必须认清它对你造成的心理影响。我们必须花时间搞清楚这种状况是如何阻碍你完成任务的。你在家也好，工作也罢，凌乱都会破坏你的生产力。

这个坏习惯如何破坏生产力

凌乱令我们分心。我们眼前的“东西”越多，就越难集中注意力。2011 年，《神经科学期刊》发表了一项研究结果，表明增加视觉刺激的数量降低了受试者的“注意力调节能力”（他们集中注意力做事的能力）。

你一定有过这样的经验。你原本可能只想着收拾一下屋子，却被车库里堆放的垃圾搅得心烦意乱。你或许只想完成一项重要的工作，办公桌上乱七八糟的东西却令你无法集中注意力。

凌乱妨碍了我们做事的效率，因为它们总是不停地侵占我们有限的注意力资源。更糟糕的是，这种影响发生在潜意识层面。你很难一眼看穿那些侵入你家或是办公室的无关紧要的“东西”妨碍了自己完成工作。

好在整理自己的生活是件轻而易举的事情。尽管它需要勤奋、毅力，但人人都做得到。

行动步骤

1. 列出问题区域。在家里，找出某些房间或是房间里容易乱七八糟的地方。到了公司，找出办公室里或是办公桌上经常堆放杂物的地方。

接着，一个一个地处理这种房间或是地方。如此一来，分散的工作化为可以管理的任务，就不会显得那么无从下手了。

2. 分为三类：保留、丢弃和存放。接着，确定分类标准。比如，你或许打算将五天内会用到的物品统统留下。你也许决定将过去三个月间从未碰过的东西（比如，一年到头都没上过身的衬衫）全部扔掉。你没准想将今后才用的某些有特殊用途的物件（比如某个季节才用的床上用品）收起来。这些标准简化了整理的流程，令你轻轻松松做出决定。

3. 将问题区域中的每样东西归类。你可以在每样东西上贴好便条，或是将它们收进分好类的盒子当中。

4. 为防止今后出现杂乱堆积的现象，就要为每样进了家门的东西找个归置的地方。你肯定不愿意见到橱柜、办公间、咖啡桌或是壁橱里堆满“东西”。

5. 每周筛查一次。每周都要检查一次步骤 1 中确定的问题区域。将你找到的每样东西分类：保留、丢弃还是存放。每周的筛查只需持续10到15分钟。这样做的好处在于，未雨绸缪，令你的家和办公室整洁有序。

6. 养成用完东西立刻将其收好的习惯。比如，你用扫帚清理完门廊，就要把它放回原处，而不能让它随便靠着哪面墙待着。倘若你用了订书机、开瓶器或是橡皮图章，就要将它们放回原来的抽屉，而不是把它们丢在桌子或是橱柜上。

7. 不要一时冲动，买些自己不需要的东西。我们都这样做过。我们瞧着商店或是亚马逊上的商品，心里想着："我真的需要它。"然而我们一旦把它买回家，就再也没有碰过它。

第二天
别再让他人的消极情绪影响你

消极情绪就像通过空气传播的病毒。这种病毒的传染率还很高。倘若你总是和消极的人接触，就很可能受到感染。

更糟糕的是，一旦你感染病毒，就很难摆脱掉它。消极情绪挥之不去。它会削弱你做事的决心。除非你将它从体内清除掉，否则它会侵蚀你的思想，令你心中的不满合理化，慢慢剥夺你的快乐。

我们不可能完全摆脱消极情绪。不论是在家还是公司，我们都会接触到习惯性消极的人。你了解这种人……他们总是郁郁寡欢，还不停地抱怨，杞人忧天。他们在背地里说闲话，撒谎，散布别人的秘密，他们动不动就指责别人，既虚伪自私又善妒，还总是以小人之心度君子之腹。

他们习惯了往坏处想，习惯了吹毛求疵，这种情绪极容易传染给别人。倘若你染上了它，就会发现自己几乎不可能长时间地高效工作。

这个坏习惯如何破坏生产力

首先，总是闷闷不乐令人精疲力尽。它会诱发不良情绪，使你觉得累，觉得无精打采。你的精神萎靡又会让你打心眼里不愿意采取行动。

第二，消极的情绪令你心情低落。想想你认识的那个总是闷闷不乐的人。他或是她看上去快乐吗？心满意足吗？多半不会。相反，这个人常常觉得前途渺茫，总是心灰意懒，郁郁寡欢。你还记得上一次有这种感觉却还能高效工作是什么时候吗？

第三，有证据显示，消极情绪会给我们的感知能力、学习能力和理解能力带来负面影响。仅凭这一点，我们就该停下来，想想自己究竟愿不愿意接受他人的消极情绪。

我们不可能不接触消极的人。关键是要学会和他们相处。你改变不了他们，所以用不着白费力气。相反，多想想办法来摆脱他们忧郁的看法。

行动步骤

1. 找出你生活中的那些消极的人。不论是你的同事，还是与你有交往的人都不能落下。

2. 控制与有消极情绪的家人相处的时间。这个建议似乎很残酷。不管我们的家人如何伤我们的心，如何同我们争吵，如何让我们心烦意乱，我们生来就更愿意原谅他们。然而，倘若某个家人总是往坏处想，总是吹毛求疵，还影响到了你的思想，那就是时候和他说再见了。如果你觉得这么做能够让自己心情舒畅，就向他解释一下自己躲着他的苦衷。给他或是她一个改变的机会。毕竟你们是一家人。

3. 控制与有消极情绪的朋友以及其他有些交情的人相处的时间。你和这种人做了多年朋友，并不意味着你有义务继续和他们做朋友。要让积极乐观、愿意帮助你的人围绕在你的身边。

4. 控制与有消极情绪的同事相处的时间。你要和这些人一起工作，所以没法躲着他们。但你可以规定出和他们相处的方式。比如，倘若某个同事有抱怨的毛病，就要在他开始抱怨的时候阻止他，让他知道你很忙，然后问问他："还有什么需要我帮忙的吗？”这么做表明你愿意帮他处理工作上的事情，但没有时间听他唠叨。

5. 别想着去改变消极的人。倘若某个家人和你抱怨另一个家人，而你清楚他说得并非实情，那就别当回事。当某个朋友打算跟你争个谁是谁非，而他的观点显然有失偏颇，那就保持沉默。如果你觉得某个同事抱怨得莫名其妙，那就简单地说句：“噢，是这样呀？”然后赶快转移话题。

6. 别凑热闹。大多数的热闹都是心怀不轨的人搞的鬼，他们无所事事却总喜欢和别人争个面红耳赤。他们就喜欢制造祸端，随之而来的问题全是他们自找的。卷入其中没有丝毫益处。将热闹当作瘟疫，要唯恐避之不及。切忌分帮分派。绝对不要参与其中。只要离它们远远的就好。

7. 同消极的人一起庆祝他们取得的成功。你积极的态度会让他们不想再抱怨，不再说闲话或是吹毛求疵。但要适可而止。倘若某个消极的同事获得晋升，微笑着祝贺他或是她，然后继续工作。要是某个消极的朋友提到他刚刚订婚，就说：“太棒了！恭喜你！”别再多说什么。不论在哪个喜庆的场合，一逮到机会，习惯了往坏处想的人总会抱怨一通。

第三天
别再让消极的自我归因扼杀你的动力

我们每个人的内心都住着一位批评家。它坐在暗处批评我们，轻声嘀咕着我们不够聪明，抑或是不够优秀。它想方设法让我们相信，我们的决定和行动必然会带来灾难性的后果。

这无疑是消极的自我归因。

消极的自我归因的形式多种多样。比如，完美主义常常就是其中之一。完美主义者认为，任何不完美的事物都是失败的。这种观点牵制着他们，令他们无法采取行动。

小题大做是另外一种消极的自我归因的形式。在小题大做的人看来，灾难即将来临。同完美主义者一样，他或是她不愿意采取行动，因为采取行动更容易（至少在他或是她看来）造成可怕的后果。

偏执也是消极的自我归因的表现形式。这是一种认为事物非黑即白的倾向，没有妥协的余地。这种人认为自己要么聪明，要么就蠢笨；要么漂亮，要么就丑陋；要么成功，要么就无可救药；要么做得对，要么就大错特错。

不论是在家里还是公司，消极的自我归因，也就是我们内心批判自己的那个声音，都会令我们动弹不得。

这个坏习惯如何破坏生产力

自我批评就像一位盼着你失败的坏朋友。它盯着最细微的疑虑的灰烬，然后煽风点火，直至灰烬燃起熊熊烈火。它想方设法扼杀你积极的态度，直到你确信自己百无一是。

到了那时，每一项任务都变成了艰巨的任务，每一项任务都笼罩在可能遭受的失败当中。每一份责任都暗藏灾祸，从而印证了你内心深处那位批评家的话。

我们一旦对自己以及我们的能力抱有这种想法，就很难高效地工作。最糟糕的是，当消极的自我归因泛滥开来，我们几乎就不可能工作下去。我们疑神疑鬼，动弹不得。我们不敢迈步，生怕应了自己内心深处那位批评家的话。

好消息是，你可以征服内心深处的那位批评家，可以战胜消极的自我归因。你需要做的，仅仅是养成几个简单的习惯。一旦你这么做了，就会发现为生活的各个领域做决定，有目的地采取行动其实非常容易。

行动步骤

1. 学着去认清自我批评的迹象。仔细观察内心的声音在如何评判你和你的能力。留意这种指责带给你的感受。一开始，你可能很难将自己内心深处的那位批评家和自己消极的情绪联系起来。这很正常。不少人在显而易见的自我批评中挣扎良久，竟察觉不到它的存在。留意你对新事物、新想法以及其他刺激做出的第一反应。你的看法是积极还是消极呢？

2. 提醒自己，你内心深处那位批评家的说辞不过是主观臆断。仅此而已。倘若你仔细思考这些话，就会发现它们根本站不住脚。比如，假设你打算出席某个社交活动，而你内心深处的批评家却声称没人会喜欢你。那就挑战一把，证明给它看。倘若你交到朋友，这种说法显然就不成立。别害怕，勇敢地揭露它的骗子本质。

3. 重新审视消极的想法，确保它们不失公允。令你的想法保持中立。比如，假设你面前摆着一项自己不熟悉的任务，你内心深处的批评家也许立刻就宣布："你不具备必要的知识或技能。"重新审视它的论断，告诉自己："这项任务将给予你挑战自我的机会。"

4. 将你批评自己的话一一记录到在线（比如印象笔记）或是买来的记事本上。这么做的目的在于搜集你内心深处那位批评家诡辩的证据。你今后一想到这些证据，就能够立刻发现它的话根本不堪一击。

5. 征召内心深处的盟友。我们在第二天谈到远离消极的人，多同身边积极乐观的人接触。运用同样的方法让你内心深处的那位批评家闭嘴。在内心深处培养一种声音，令它不仅能够驳斥谬论，还能够不断地告诉自己你的优势，用优势来淹没那些谬论。利用我们之前提到的“社交活动”的方法，你内心深处的盟友就会提醒你，你那么诚实可靠，风趣幽默，身边怎么会少了朋友？

6. 拥有成长型思维。这种思维认为事物总有提升的空间。我们不断学习，不断掌握新的本领，而且变得越来越聪明。既然如此，我们就有能力承担更大的责任，取得更大的成就。当你接受了这样的事实：自己有能力完成昨天做不到的事情，消极的自我归因对你的影响就会减弱。

第四天
别再忽视每周的反思

每周反思一次给了我们评估自己过去七天工作效率的机会。这让我们有机会考量我们是否在高效地工作。我们完成了自己需要完成的所有工作吗？重要的待办事项还没有做完吗？倘若真的没有完成重要的待办事项，又是什么原因呢？此外，我们该在未来一周如何安排这些事项的先后顺序呢？

在不少人看来，每周都反思自己的表现就是在浪费时间。他们认为自己在公司、在家都表现得不错，没有必要每周都浪费时间来检查自己是否高效。

还有些人之所以不每周反思，是因为他们不清楚该如何去做。他们明白每周反思自己的表现十分重要，却不知道怎样才能一步步地做好反思。

在接下来的行动步骤中，我将向大家展示简单的每周反思过程。不过首先，让我们先来看看忽视每周反思将如何破坏我们的生产力。

这个坏习惯如何破坏生产力

不论是在公司还是在家中，我们都忙忙碌碌。有时候，我们似乎背负着更多的任务、家务和责任，而我们根本没有时间处理完它们。我们到了周末自然会感到精疲力竭。尽管如此，我们还有很多任务没有完成。

倘若不每周都反思，我们就很难找出影响自己工作效率的症结所在。比如，你上周的工作是不是多到没有时间处理？你是不是参加了公司的会议或是朋友聚会，到头来却没有时间处理手头的工作？你是不是制订了很长的待办事项清单，让自己注定失败，让自己注定陷入绝望的境地？倘若处理得好，就不该出现这么多麻烦，而你现在却在焦头烂额地应对这些问题，搞得自己来不及写报告，来不及付款，来不及写邮件，也没有时间陪伴对我们来说很重要的人。

我们没有人能做到尽善尽美，所以总有提升的空间。当我们改进了工作的方法，我们的家和办公室就会变得更加井井有条，我们也会更加得心应手。我们觉得自己越来越厉害，还能腾出时间去做自己看重的事情。

这便是每周反思的意义所在。反思让我们清楚该如何一步步优化自己的工作，帮助我们在更少的时间内完成更多的工作，让我们在工作的过程中享受更多的快乐。

行动步骤

1. 每周腾出30分钟时间自我反思就恰到好处。不少人一想到每周反思就忧心忡忡，他们总觉得这样做会浪费几小时的时间。事实上，你完全能够在30分钟内结束反思。

2. 将每周的反思时间记在日历上。这将训练你的大脑，让它将反思当作一项任务，这样一来，你就不太容易忘记它了。选择一个适合自己的日子，确定好时间，然后坚持下去。比如，我会在每周日晚上七点进行自我反思。

3. 反思上一周遗留下来的任务、家务和工作。思考造成现在这种局面的原因。比如，你是不是一时大意，没有给它们留足时间？你是不是处理了一些无关紧要的项目，参与了一些无足轻重的活动，使你可以支配的时间大打折扣？你是否帮助了不该帮助的人？你有没有拖延？你是不是集中不了注意力？还是总被社交媒体吸引？一旦你搞清楚是什么原因让上周的那些任务、家务和工作拖到了现在，就可以做好筹划，在下一周避免这些情况的出现。

4. 扪心自问，上周表现如何？你做了哪些提高工作效率的事？比如，你有没有控制住有求必应的冲动，全身心投入到自己的代办事项上？你是否在浏览器中安装了屏蔽程序，以防优酷、脸书和照片墙分散自己的注意？你每天早早起床，趁着家人睡觉的工夫安安静静地工作了吗？倘若某个方法起到了效果，它也一定会在未来一周中表现出色。

5. 清空收件箱。邮件是我们不少人的压力来源。邮件的数量迅速增加，不经意间，我们的收件箱里就堆满了邮件。在每周的反思中，花上10分钟的时间来处理那些尚未打开过的邮件。你也许想一一回复它们。一定要抑制自己的这份冲动。不少邮件根本无需回复。将需要回复的邮件移动到特殊的文件夹中。将其余的邮件保存好，或是干脆删掉它们。

6. 在日历上规划未来一周的安排。你需要完成哪些工作？哪些任务和项目必须优先处理？哪些可以归到不着急处理的事项当中？在规划的过程中，利用第三步搜集到的信息来优化每一天的工作。比如，你发现上周没有留出足够的时间来处理重要的任务，那么在接下来的一周中，就要多安排些时间来完成它们。

第五天
别再连轴转

“我根本没时间休假。”

这话是不是很耳熟？我们特别喜欢休假这个主意。只消想想放松上一周，远离工作的压力和生活的繁忙，我们就如释重负。然而真到了可以休假的时候，我们却犹豫了。我们琢磨着休息一段可能造成很多问题。我们的工作和事业会受影响吗？我们家里家外还有那么多事情，真的能休息吗？

在美国，人们似乎不愿意休长假。研究发现，美国人常常放弃假期，他们宁愿将时间都花在工作上。然而这个问题并不局限于美国，而是全人类的症结所在。英国国家统计局汇编的数据显示，英国人同样不愿意休假。

忽视休息会带来严重的负面影响。它不仅损害我们的健康，破坏我们的幸福，时间一长，还会削弱我们的生产力。

这个坏习惯如何破坏生产力

不论在家、公司还是我们的社交活动中，忙碌都会导致精神疲劳。一直做决定会消耗我们的认知资源，让我们压力倍增，让我们暴躁、冷漠、心灰意懒。长此以往，忙碌终将削弱我们高效工作的能力。

我们将发现自己越来越难集中精力。我们将丧失处理重要任务的动力，违背自己高标准工作的初衷。我们不少人默默地为自己的毅力和职业操守摇旗呐喊，全然不顾自己疯狂的工作方式可能给生产力带来的严重破坏。

你似乎应付了一天的压力。然而日复一日，压力将破坏你的认知能力。更糟糕的是，这种破坏不断侵蚀你的表现，你却似乎觉察不到它们的存在。

要想解决这一问题，就不能再连轴转。让自己休息一会儿。家里、公司还有那么多事情等着处理，这么做似乎不切实际。然而你将发现，休息能够让你感到更快乐、更放松，还能够使你精神焕发、活力满满。而这一切都将在你恢复工作的时候提高你的工作效率。

不知道该如何去做？那就接着读下去。

行动步骤

1. 选个日子。别等到工作、生活和社交生活完美结合的时刻才行动。它们永远也不会完美结合。总会有那么一个项目、一项活动或是任务等着你去处理。你要总等着一切处理停当的那一天，就永远都休息不了。安排好休息的时间，告诉其他人你的计划，强迫自己休息休息。

2. 列出在家以及在公司需要参加的所有会议以及需要完成的所有工作和任务。安排时间，在假期前的日子里处理完它们。人们常常不肯休假，他们总感觉休假将逼着他们放弃重要的待办事项。就算每天多花些时间来处理这些事情，也必须在假期前完成它们。努力工作，给自己腾出些休息的时间。

3. 保证休假期间不做任何工作。你总想带上电脑，觉得每天能抽出几分钟时间回复回复邮件，完成些小任务。你花费时间工作倒不是问题。真正的问题是，在假期工作令你脱离不了日常的忙碌。而休假的目的不就是暂时远离这份忙碌吗？

4. 在公司内定的节假日前后休息。比如，假设你的公司下周一休息。那你可以计划一下，在上一周的周五或是在接下来的周二、周三都休息休息。一个长长的周末（周六、周日和周一）往往能够减缓大多数办公室的工作节奏。好好利用这个假期。当你没必要出现的时候，就好好休息一下。

5. 倘若你犹豫不决，不知道该不该向老板请假，可以采取一些策略促使这一过程顺利进行。首先，别在公司每年最忙的时候请假。第二，发送电子邮件请假，留下证据。第三，尽量提前知会老板。（第一个行动步骤可以帮助你做到这一点。毕竟，你选日子花费的时间越长，能够知会老板的时间就越短。因此，你的请假申请被拒批的可能性就更大。）第四，询问老板自己何时休假最合适。将这个难题丢给老板。倘若你正在做某个项目，你也许该提议在项目完成后就休息。第五，做好工作分配计划，说明自己不在的时候，哪些同事可以分担自己的工作量。（向老板提出休假请求前，先与同事协商好细节。）

6. 安排一次居家度假。不是每一个假期都要到处旅行，都要去各种让人眼花缭乱的目的地。请记住，度假的目的是切断你同忙碌的日常工作之间的联系。只要你不工作，也可以在家里达到这个目的。这样做的好处是省钱，你早就清楚该转转城里的哪些地方，你将享受那份熟悉的惬意。你还能够躲掉旅途中难免遇到的烦心事（比如遗失行李，飞机上高声啼哭的婴儿这类事情）。

第六天
别再赖床

苹果公司首席执行官蒂姆·库克、商界大亨理查德·布兰森爵士、星巴克首席执行官霍华德·舒尔茨以及《迪尔伯特》漫画的作者斯科特·亚当斯有哪些共同之处？

如果你对自己说“他们都大获成功，做事效率极高”，那准没错。不过，他们还有另外一个特点：早起。他们都曾在采访中表示，自己每天的成功都是早起的功劳。

想想你上一次很晚才起床的情景。你也许在不停地按手机或是闹钟上的打盹按钮。你没准想着干脆把闹钟都关掉。你终于从床上爬起来的时候，究竟感觉如何？活力满满还是萎靡不振？注意力集中还是昏昏沉沉？目标明确还是不知所措？倘若你和我一样，多半会有后一种感觉。起得比预想的晚将消耗你的精力。

仅仅起得早并不能提高你的效率。事实上，不少人九点起床会比五点起床效率更高。最关键的是要有决心、有恒心。每一天都按计划起床，让它成为一种习惯，你就会变得更加高效。至少，哈佛大学的研究人员就曾在调查学生成绩与其睡眠习惯的关系时发现过这一点。规律的睡眠对你的表现影响深远。

如果你习惯了比计划起得晚，就会影响你的工作效率。

这个坏习惯如何破坏生产力

首先，那些起得比预想晚的人常常睡眠质量欠佳。他们不规律的作息破坏了自己的生物钟（即他们的昼夜节律），使他们无法享受宁静的睡眠。

比如，你有没有熬夜挂在奈飞上追你最喜欢的节目，结果第二天醒得很晚？你有没有感到昏昏欲睡？这种状况再正常不过，因为你放弃了自己的睡眠和清醒周期。生理节奏一旦紊乱，你就很难高效地工作。紊乱促使大脑向身体发送错误信号（比如，在错误的时间释放褪黑激素）。

第二，不规律的睡眠习惯致使你晚起，令你产生昏昏欲睡的感觉。比预想晚起将消耗我们一天的激情。我们无精打采、不知所措。我们甚至会感到焦虑，因为不经意间，时间已经从我们的指尖滑走了。更糟糕的是，我们可能根本挽救不了自己最高效的工作时间。

倘若你现在被这个问题搅得焦头烂额，那么扭转乾坤的机会来了。只要养成几个简单的习惯，你每天定能够早早起床。

行动步骤

1. 每天晚上在固定时间上床睡觉。抑制不停追剧的冲动。不要困在脸书的帖子中无法自拔。远离视频网站，你一看起产品介绍、游戏视频和喜剧小品就常常忘记时间在流逝。确定好上床睡觉的时间，然后坚持下去。做到持之以恒。

2. 每天清晨在同一时间起床。即便是周末，也不要睡懒觉。比起利用好早晨额外的时间，保持良好的昼夜节律更为重要。

3. 切忌睡前饮酒。不少人认为酒精有助睡眠。研究人员发现酒精与三角波有关。三角波通常出现在非快速眼动睡眠的第三个阶段。在睡眠质量方面，酒精的作用弊大于利。既然酒精与三角波有关，就必然与阿尔法波相关。而我们的大脑处于清醒、放松的状态时，阿尔法波才会出现。一旦我们进入深度睡眠，阿尔法波就会减少。归根结底，酒精将使我们无法享受宁静的深度睡眠，使我们更难在早晨准时醒来。

4. 将手机或闹钟放在距离床几尺远的地方。倘若它们待在你触手可及的床头柜上，你可能会忍不住关掉它们（或是打开打盹按钮），然后接着呼呼大睡。只有将它们放在自己够不到的地方，你才不得不起身去关掉它们。而你一旦离开自己的床，就会发现开始新的一天其实容易得多。

5. 清楚自己每天醒来该做些什么。你一起床就去健身吗？还是躲进家里的办公室回复邮件？有什么事是你早晨都会做的吗？比如写日记、冥想、一边喝咖啡一边看书？这些事情都会成为你每天准时起床的理由。当你想躲在被窝里时，它们就会逼着你起床。

第七天
别再一收到邮件、短信和语音信息就立刻回复它们

在我们生活的时代，迅速回复邮件、短信、语音信息，甚至脸书上的信息都堪称美德。相反，不及时回复信息往往令人侧目，使自己遭到鄙视。每个人对此心知肚明，进而营造出全社会期盼别人随叫随到的氛围。因此，我们不少人都在尽快回复信息，以免给朋友、家人或是老板留下不好的印象。

然而这个习惯有个弊端：它将降低我们的工作效率。我们越是立刻回复别人的邮件、短信和语音信息，就越难高效地工作。

这个坏习惯如何破坏生产力

立刻回复别人的信息有个最大的弊端，那便是回复一次我们就被干扰一次。这种干扰持续的时间短，看似无碍，却会影响我们集中注意力的能力。研究人员发现，我们的大脑被干扰一次，就需要 20 分钟的时间才能够回到正轨。

这无疑浪费了大把的时间。倘若你每小时都回复几次短信和邮件，可想而知，你想把手头的事情做完会有多难。

另外一个弊端是，你立刻回复别人的信息，他们就会对你抱有期望。你一旦立刻回复了一个人的信息和邮件，人们便默认你将接着回复其他人的信息和邮件。这种压力也许无法用言语来表达，却是实实在在存在的。事实上，无法迅速回复他人的信息也许会引发情绪的反应。起初，人们非常喜欢你及时回复信息的行事作风，到头来却被他们当成了理所应当的事。

迎合这类有失公允的期望往往令人沮丧。此外，这么做还会严重降低你的工作效率。

倘若你养成了立刻回复他人信息的习惯，现在就是时候做出积极的改变了。利用下面的方法，你就能够挽救自己的时间，改变自己在别人眼里随叫随到的印象。

行动步骤

1. 别在乎礼节。想要做出任何积极的改变，首先必须认识到，别人的期望并没有你自己的幸福和快乐重要。不要担心无法及时回复信息而冒犯朋友。不要担心无法及时回复邮件而给同事留下不好的印象。“礼节”因人而异。努力做符合自己要求的事情，即使这些事和其他人的要求相悖也没有关系。

2. 每天查看两次邮件。选择两个时间，比如上午11点和下午5点，然后坚持在这两个时间段查看邮件。抑制自己在其他时间查看邮件的冲动。查看和回复邮件曾经意味着登录电脑中的电子邮件程序。这就要求我们待在办公桌前或是随身携带笔记本电脑，无论怎样，都能有效抑制我们回复邮件的冲动。而如今，手机随时随地在我们身边，我们可以，而且经常趁没事儿的时候查看并回复邮件。基于上述原因，这么做的确不是个好主意。

3. 每天回复两次短信。采用与处理邮件相同的策略来处理短信（见上文）。选择两个时间，然后坚持在这两个时间段里回复短信。在我看来，查看和回复邮件的同时查看并回复短信好处多多。它们是一类事情，大可批量处理。这样做能够节省时间。比如，你也许会发现，邮件和短信是同一个人发来的，所以没有必要一一回复它们。发封邮件或是发条短信就行。一开始，每天只回复两次短信绝非易事。这与你目前每天回复几十次邮件的状况大相径庭。你一旦意识到没有必要经常查看和回复短信，就不会再焦虑，还更容易养成一天只回复两次短信的习惯。

4. 上文提到的方法将在很大程度上改变别人期望你随叫随到的状况。他们最终将习惯等待你的回复。不幸的是，你的一些朋友、家人和同事会觉得遭到了冷落。他们总觉得你不及时回复他们实在傲慢不逊。提前告诉他们你这么做的苦衷，别惹他们生气。让你的朋友和家人知道，你打算每天只查看和回复两次邮件、短信。为了不影响工作，你得和老板商量商量是否可以这么做（告诉他你会因此而变得更加专心和高效）。倘若可行，一定要让同事清楚你的打算。

5. 倘若你的工作需要一整天都盯着邮件、短信和语音信息，就必须应用“将事情处理完”的方法。每次只处理一条短信，立刻想出处理办法。比如，老板发来的急电可能需要立即回复。同事发来的短信也许根本不需要回复，存档即可。发现供应商或是客户在语音信息中所提的问题，你就需要做好跟进。根据自己何时能够获得信息来安排回复的时间。当然，这种情况并不够理想。可你要是别无选择，“将事情处理完”的方法确实能够减少自己被打扰的次数。

第八天
别再让自己动不动就分心

分心算得上最厉害的生产力杀手，原因体现在三个方面。首先，它们往往潜伏得很深。你也许对分心习以为常，或是早已习惯了分心，才让分心躲藏得如此巧妙，逃过了自己的视线。比如，电话铃响似乎再正常不过，也不见得有什么坏处，然而它的吸引力却和一场车祸差不多。

其次，分心助长了我们逃避工作的欲望。你多少次在本该工作的时间访问着脸书、优酷和新闻网站？就好像大脑努力寻找着能够分散它注意力的刺激物似的。

第三，我们一旦分心，就很难继续工作。我们丧失了动力。有些时候，我们更愿意停止手头的工作，全身心地投入到令自己分心的事情当中。

毫无疑问，这必将削弱你的工作效率。

这个坏习惯如何破坏生产力

分心主要在五个方面破坏你的生产力。

首先，分心将削弱你的注意力。当你做那些需要全身心投入的“深度工作”时，稍一分心，工作节奏就会被打乱。一旦你的注意力遭到破坏，就很难恢复过来。

第二，分心将影响你的工作质量。你只有不被打扰，才更容易高效地工作。而分心则会影响你手头工作的质量。你很可能还要花费更多的时间来完成工作，出错的概率也高了不少。

第三，分心令你越来越没有耐心。你越是分心，工作效率下降带来的挫败感就越强烈。任其发展，你将心烦意乱，无法适应不利的环境。你开始对同事发脾气，不理睬朋友，对自己吹毛求疵。

第四，分心将使你遗漏重要的事情。你有没有一时分心，忘了继续做手头的工作？我们多半将这种事归为健忘，就好像自己没有办法改变它们似的。但事实上，问题的症结在于我们分了心，可分心这种事本该在我们掌控之下。

第五，分心使我们不够专心。尽管不少人声称自己能够同时处理很多事情，效率还不低，然而我们的大脑却无法同时处理多项任务。我们的大脑不断地在任务之间切换。我们同时处理的事情越多，能够分配给每项任务的精力就越少。一件件事令我们的大脑应接不暇，我们的注意力也会下降。

好在不被干扰并不难。善意的提醒：想不被干扰就需要时间，你得养成新的习惯来抵消这个坏毛病。好处在于，你会在未来几年中受益匪浅。

行动步骤

1. 工作时关掉手机。这样，你就不会被短信、电话和通知发出的铃声打扰。

2. 关闭所有无关紧要的浏览器选项卡。为网页添加书签，以便今后访问它们。倘若你不关闭选项卡，没准会忍不住访问它们，就不能好好工作。记住，大脑会寻找一些东西来分散它对繁重工作的注意力。

3. 学着识别分心的迹象。比如，你的思想是不是偏离了手头的工作？你是不是疏忽大意犯了错？你是不是一时冲动想做些与工作无关的事情？倘若答案是肯定的，你多半是分心了。

4. 当你感觉自己分心的时候，就停止手头的工作。闭上双眼，深呼吸，不论你在做些什么，都要提醒自己背后的原因。比如，你要是在打扫房间，也许就该提醒自己，今晚你要举办派对。如果你在学习，提醒自己明天有场重要的考试。倘若你在检查工作报告，就提醒自己，那周晚些时候你就要做报告，所以必须熟悉报告的内容。

5. 参与能够提高注意力的活动。比如，读一读需要集中注意力才搞得懂的长篇大论。观看 TED 演讲，提高自己的听力水平。冥想，强迫你的大脑安静五到十分钟。你集中注意力的能力如同肌肉。你越是锻炼，它就越强壮，你就越不容易受外界干扰。

6. 让你的家人和同事别在某个特定的时间打扰你，好让你专心工作。请他们在那个时间段前后来找你。防患于未然。充分的准备工作将提高成功的概率。正如亚伯拉罕·林肯曾经说过的那样："如果给我六小时的时间来砍树，我会将第一小时用来磨斧子。"

第九天
别再将他人当作你的精神支柱

情感依赖是当我们的情感由另一个人支配时产生的一种状态。我们的快乐取决于那个人的一言一行。我们总想靠近他或是她，沉迷于得到他或是她的青睐。在内心深处，我们甚至觉得自己“不够好”，配不上和那个人交往。当然，这种感觉无疑让我们更加痴迷于他或是她。到头来，我们都不知道如何才能满足自己的需要。

情感依赖多见于爱情。但它同样可能是朋友、邻居、家人和同事之间的大问题。在某些情况下，与陌生人交往会影响我们的情绪，甚至令我们感到沮丧和苦恼。

你一定想象得出，这个问题势必会影响我们的办事能力。

这个坏习惯如何破坏生产力

情感依赖的症状之一便是焦虑。因为我们需要不断获得依赖的那个人的肯定。焦虑阻碍生产力。当你感到恐惧不安时，就很难集中注意力。而你一旦集中不了注意力，你的工作状态和质量就会大打折扣。

情感依赖的另一个症状是，当我们依赖的那个人并未做出我们期望的反应时，我们就会气愤不已。即便那个人并没有暗示或是批评我们，我们也会捕风捉影。愤怒不但能够分散我们的注意力，同时还令我们精疲力竭。我们生气的时候几乎不可能集中精力。更糟糕的是，我们总是火冒三丈，精力和意志力就会慢慢耗尽，根本无法高效地工作。

当我们在情感上依靠某个人时，我们就对那个人产生依赖。在这个过程中，我们任由那份依赖导致的负面情绪控制我们的思想。这反过来又会给我们的行为带来不良影响。

下面，你将找到一些帮助你打破依赖他人的习惯的小技巧。倘若你将它们融入到自己的生活，就会越来越强烈地感受到自己的独立。你慢慢就能够满足自己情感上的需要，将更多的注意力投入到重要的工作中来。

行动步骤

1. 为自己创造一些东西。写写日记，制作美味的酱汁或腌料，然后留好秘方。如果你会弹吉他，就写首歌，但不要跟任何人分享。这么做就是要制造迷恋自己创造力的机会。你根本用不着别人的肯定。

2. 寻找方法，享受“独处”时光。发掘你依赖的那个人参与不了的事情。比如，读读书，去当地的星巴克坐坐。人少的时候到公园转转，享受这份孤独。自己出去散散步。这些事情将强化你的意识：你不需要依靠别人来获得幸福。

3. 学习新技能。比如，学习画画，弹吉他或是使用Photoshop（图像处理软件）。学习如何保护自己，如何跳舞或是如何烹饪一道特殊的菜肴。学习一门新的语言，学习如何演讲或是进行心肺复苏。学习新的事物令我们更加自信。学习新事物就是自信的表现。随着能力的增长，这份自信将抵消你对他人的情感依赖。

4. 完善自我。寻找完善自我的机会。比如，学习如何行动起来（再也不拖延），如何积极地倾听或是更早地起床。学习如何管理压力、如何做出更好的决定、如何适应逆境。就像学习新技能一样，完善自我增强了我们的自信心，让我们更愿意将成功归结为自己的努力。时间一长，我们很少再依赖别人而获得幸福了。

5. 对自己的情绪负责。比如，倘若你火冒三丈，一定要认识到，你的愤怒缘于自己胡思乱想，并非别人对你做了什么。倘若你感到孤独，承认是自己的臆想和期盼搞的鬼，并非别人对你做了什么。倘若你焦虑不安，坦承是自己想不通，并非别人对你做了什么。诚然，对自己的情绪负责，说起来容易做起来难。但只要你一点点尝试，终归还是做得到。将注意力落在经常困扰你的一种情绪上。比如，假设你常常被朋友的行为激怒。下一次，当你再被激怒的时候，提醒自己要控制情绪。为此，你可以决定自己是否需要发怒。

6. 自己做决定，不要去征求任何人的意见。比如，假设你特别想写一部小说。不要询问配偶、朋友和家人的意见。相反，你只要决定做了，就坚持下去。这么做可以训练你的思维，让你不用在乎别人的看法，反而在情感上变得更加独立。倘若你习惯了获得他人认可才做决定，一开始独立做决定也许并不容易。但你自己做的决定越多，独立做决定就变得越容易。

第十天
别再让经济压力吞噬你

首先，面对失控的财务状况，我们很少责怪自己。有些事我们无能为力，却常常阻碍我们实现自己的财务目标，给我们造成经济压力。比如，突然生场急病，就能消耗掉我们数月甚至数年的积蓄。

话虽如此，但不少人疲于应对的经济问题都是他们自找的。比如，他们过着入不敷出的生活。他们不知道存钱以备不时之需。他们忙着添置新物，却不懂得如何管理金钱、管理信贷。这些都是我的经验之谈，我曾经犯过这些错误。

坦诚地说，任何事物带来的压力都无法与金钱相比。当我们为尚未支付的水电费、透支严重的信用卡和空空如也的储蓄账户发愁的时候，几乎不可能集中精力，提高效率。

倘若你也在经济压力下苦苦挣扎，那么你并不是孤身一人。美国银行 2017 年发布的一份报告显示，53% 的美国员工面临着经济压力，这份压力对他们的工作表现产生了不良的影响。

让我们来看看其中的缘由。

这个坏习惯如何破坏生产力

你的经济状况一旦失控，自然就会感到焦虑。前途渺茫的感觉使你痛苦不堪，无疑会消耗你的注意力。所以当你发愁如何收支平衡时，就很难集中注意力。经济问题是主要的压力来源。持续不断的压力则会严重影响我们的效率。

经济问题还会影响我们的睡眠质量。你有没有躺在床上，却忧心付不起账单，辗转难眠？第二天一早，你从床上爬起来，或许感到昏昏沉沉、精神不振，心情也十分压抑。当你的心理负担令你无法享受高质量的睡眠时，就很难工作下去，更别提高效工作了。

倘若你陷入严重的经济困境，甚至会感到绝望。到了那时，经济压力就会影响你的身体健康。长期的金钱压力导致偏头痛、肠道问题和高血压的例子并不鲜见。

因为我们的经济状况会对我们的精神——有时还会对身体健康产生巨大的影响。合理的财务管理意义重大。倘若你因为经济状况失控而感到有压力，可以采用以下方法进行补救。你也许会吓一跳，局势居然这么快就扭转到对你有利了。

行动步骤

1. 要知道，遇到经济问题并不丢人。几乎每个人都曾在人生的某个阶段遇到过经济问题。这意味着我们每个人的生活都会陷入困境。羞愧只会令你内疚，而羞愧与内疚都解决不了任何问题。

2. 认真了解自己的经济状况。经济压力多来自于不确定性因素。你也许只是大致了解自己的经济状况，对细节却知之甚少，无法有目的地应对当前的问题。比如，你可能知道自己的信用卡透支严重，却不清楚究竟透支了多少。对于你的收入水平来说，你每个月花的钱或许太多，可你也不知道究竟把钱花在了什么地方。仔细研究自己每个月的资金流，了解自己的经济状况究竟如何。

3. 制作切实可行的预算。第一，了解自己每个月的开销。第二，了解自己每三个月、六个月以及十二个月一次的开销——比如汽车保险。第三，算算自己每个月税后能带回家多少钱。第四，制订还信用卡的计划。不要每个月只还最低额度。第五，制订存款计划，每个月都存一些钱。倘若你需要还信用卡，就少存一些。这样做是为了养成存钱的习惯。再将其余的钱用来还信用卡。当你还清了信用卡，就得把每个月原本要还信用卡的钱存起来。

4. 倘若只有提高收入才能让自己的经济状况恢复正常，那就考虑利用休息时间赚些钱。用不着特殊的训练，你就能够通过无数条合法的途径提高自己的收入。比如，你可以趁周末休息的时候做优步或是来福车的司机，可以通过 Rover.com（美国一家宠物护理平台）提供宠物看护服务，可以通过 TaskRabbit.com（美国一家劳动任务认领服务平台）在自己的城市里打些零工，还可以通过 Fiverr.com（美国一家在线工作服务平台）提供在线服务。关键在于，“副业”每个月都能够帮助你创收，你可以利用额外的收入还信用卡或是启动自己的储蓄计划和投资计划。

5. 你一旦还清信用卡，就自动开启存款计划。通过银行制订计划，确保你的支票账户每个月都能够往储蓄账户中转入一定数额的钱。转账将在你选定的那一天进行（比如每个月的七号）。

6. 确保每个月存储一定数额的钱（比如约 70 000 元）。这些钱将纳入你的应急资金。当你需要支付意想不到的费用（比如汽车修理费、更换热水器的费用）时，才可以动用这笔钱。一旦你的储蓄金额达到预期目标，就要修改行动步骤五中制订的自动存款计划。与其将钱从支票账户转存到储蓄账户（即你的应急资金），不如把它们转入投资账户。我觉得互惠基金就不错，它们购买简便，还能够提供即时多样化服务。

第十一天
别再和有毒人群搅在一起

有毒人群让你觉得自己和周围的世界一团糟。他们十分消极，总喜欢指责，而不去夸奖别人。他们总想撒谎，总想让别人听他们的话。他们捕风捉影，认为别人给自己穿了小鞋，一心想着报复他们。

有毒人群的其他习惯也许不易察觉，却同样令人不舒服。他们自私，总是打断别人的话，将别人的注意力吸引到自己这边来。他们惹是生非，常常只是为了证实自己道德高尚。他们见了人就指指点点，说些看不惯别人人品的话。

我们在第二天探讨过消极的人。当时，我们说起了他们消极的共性。今天，我们将把注意力放在有毒人群和他们的诡计上。倘若你现在和这种人待在一起，得让他们离开你的生活。这样做将令你更开心、更自信，并最终提高自己的工作效率。

这个坏习惯如何破坏生产力

和有毒人群在一起，最糟糕的结果之一便是改变对自己的看法。评头论足具有传染性。和这种人待在一起的时间长了，你最后不可能不把注意力都放在你自认为的缺点上。这将令你内心的批评家有理由践踏你的自尊心和自信心。你要总觉得自己一团糟，就很难把事情做完。

有些人总是不开心，他们的心地也不善良，和他们待在一起将消耗你的精力。和他们待在一起会给你的动力和意志力增加负担，这些时光必然引领着你进入有毒人群掌控的领域。回想上一次，你和诋毁周围所有人、所有事的人在一起的场景。难道不累吗？事后难道不精疲力尽吗？你甚至都会变得焦虑、压力倍增。这就是和有毒人群接触的一些后果。显而易见，这么做会影响你的工作效率。

下面这些建议，会帮助你将有毒人群从你的生活中赶出去，将消耗在有毒人群上的时间转移到积极的人际关系上。

行动步骤

1. 最重要的是替自己做打算。倘若你和有毒的人做朋友，很容易就会成为逆来顺受的受气包。你所做的，只是迎合他卑劣的观点、倾听他尖锐的批评，为他一连串无休无止的危机提供支持。为自己做打算才是同情自己的表现。这是你有权过幸福生活的主张。所以，它表明你不愿意让一个有毒的人影响自己的见解，摧残你的精神和感情。

2. 想想生活中少了有毒人群将变得多么美好。这样做会对你的家庭生活产生什么影响？会对你的职业生涯产生什么影响？远离有毒人群将对你其他的人际关系产生什么影响？（多半会越来越好。）归根结底，远离有毒人群使你更快乐、更积极、更自信吗？（三个答案无疑都是肯定的。）这一步的目的是为你提供行动的动力。一旦你意识到自己将要获得的好处，你就会干劲十足——甚至迫不及待地要向前迈进。

3. 积极主动地和有毒人群断绝关系。你可能更愿意疏远有毒人群，希望他们自己猜出你的意图，去找别的人当他们的受气包。然而这种被动的做法很可能招来有毒人群的怨恨，他们会让你好好解释一番。最好事先告诉他们自己这么做的苦束。和有毒人群坐下来谈谈，说说自己结束这段友谊的原因，着重说下他们的行为对你造成了哪些影响。不要给他们的行为下错误或是不光彩的结论。相反，只谈对你的影响就好。比如，你也许可以说："你常常指责我。而你每次指责我，我都感觉糟透了。"

4. 要明白，不论你和有毒的人说过什么，他们都会把你的话说给其他人听。而且，他们这样做是为了让别人以为你冒犯了他们。既然这样，就要注意措辞，以及你对他或是她说话的方式。正如我先前所说，不要批评他的行为。尊重他，并坦诚地说出他的行为对你的影响。

5. 坚持自己的立场。断绝和有毒人群的关系也许将招致报复。他们没准会打感情牌（比如，"你这人怎么这样？居然抛弃朋友。"）或是让你觉得自己对不起他们（比如，"你疯了吗？我才不是你说的那种人。"）；有毒人群可能会挑你的毛病（比如，"要不是你那么不靠谱，我能说你吗？"）或是转移你的注意力（比如，"噢，这么说你很完美？"）。不论遇到哪种状况，都必须做好准备，坚定自己的立场。

第十二天
别再满足于自己的碌碌无为

不少人过着后进生的生活。他们给自己定些庸庸碌碌的标准，然后能不努力就不努力。他们的人际关系、事业以及家庭生活都是如此。尽管也会暗自失望、生闷气，但对他们来说，庸庸碌碌的生活就是美好的生活。然而发挥不出自己的潜能会带来微妙却持久的遗憾之感。

你宁愿过平庸的生活。但最大的问题是，一旦这种心态站稳脚跟，就会传染到生活的每一个角落。到了最后，你将放弃自己的梦想和目标。你任由自己的人际关系因疏远而萎缩。你不再追求个人和职业的发展。用不了多久，平庸的“病毒”侵占全身，你的意志力、专注力和身体健康都逃脱不了它的毒手。

毫无疑问，你可以想象这种窘境将如何破坏你的生产力。

这个坏习惯如何破坏生产力

当我们宁愿做些低于自己能力的事情时，我们的生活很容易变得枯燥乏味。此外，总是做些低于自己能力的事令我们很舒服，这一点十分诱人。我们一旦墨守成规，就决不允许自己面对挑战，所以永远也用不着担心失败。这样一来，我们所做的一切都恰如其分地落在自己的舒适区内。

然而问题是，我们牺牲了个人和职业成长的可能性。倘若不走出舒适区，我们就错失了掌握技能、拓宽知识面的机会。一开始，丧失这些机会似乎没什么大不了的，因为这意味着我将熟练掌握当下的技术和知识。事实上，这样做侵蚀了我们在朋友、家人以及老板眼中的价值。倘若我们无法成长，我们就适应不了周围瞬息万变的世界。到了最后，我们能够表现出的竞争力将越来越少。

当我们与平庸为伍，就越来越难注意到自己的缺点。我们的视野变得狭窄，不知该如何看待自己。外债也无所谓了，因为它们对我们当前的状况没有任何影响。从狭隘的角度来看，因为不急着追求上进，所以没必要担心自己欠下的债。与此同时，随着周围事物的不断变化，我们的能力与自身潜力之间的差距也拉得越来越大。

倘若你厌倦了平庸的生活，做好了不断进取的准备，那么就看看下面的步骤。你的工作效率要是因此而飙升，千万不要感到惊讶。

行动步骤

1. 憧憬一下自己想成为什么样的人。你想成功吗？你想当领导吗？你想满怀成就感吗？你希望自己在别人眼中是个诚实、可靠、有同情心、讲原则的人吗？这样的憧憬将成为你奋斗的目标。它将成为你所有优秀品质和成就感的集合体。倘若你迷失了方向，就好好憧憬一下未来，找到人生的方向。

2. 寻找一位教练或是导师。这个人应该具备你期望自己拥有的品质。他或是她也必须完成了你期望自己完成的事情。模仿这个人的选择和做法。这并非意味着你得变成那个人的复制品。相反，认可有利于他或是她取得成功的决定，并根据自己的实际情况，将它们应用到自己的生活中去。

3. 一旦你将注意力放在某件事情上，就要全力以赴。这一步可能需要你适当转变自己的价值观。过去，你或许满足于能不努力就不努力的状态，只要能勉强度日就行。但你必须扭转这种状态。现在，你必须追求卓越，努力将事情做得比过去更好。

4. 愿意去做别人不想接受的任务和项目。别人之所以退缩，可能是因为他们觉得某项特殊的任务太难，太麻烦或是根本做不好。借着这个机会让自己走出舒适区。你是唯一一个敢站出来的人，所以失败并无伤大雅。你反而会得到别人的尊重，这反过来又能够激励着你前进，以便对得起别人的这份尊重。

5. 将看电视的时间减少50%。忙碌的一天过后，看看电视的确是不错的放松方式。但我们绝大多数人待在电视前的时间太长了。我们坐下来，本打算看上一两集我们最喜欢的电视剧，却疯狂地看了好几小时。倘若你正在想方设法改掉自己甘愿平庸的习惯，这样做无疑是灭顶之灾。仔细观察你最近在看的电视剧。挑选出自己最不喜欢的一部电视剧，然后别再去看它。第二周再挑选另外一部最不喜欢的电视剧。再过一周，继续挑选自己最不喜欢的一部电视剧。

6. 调整作息时间，让自己每天晚上早些上床睡觉，每天清晨早些起床。这样做会令你立刻感觉自己掌控了生活。我的想法是，如果你能够掌控一件事，就一定能够掌控其他的事情。这意味着你可以影响自己的人生。你必须满足于平庸的生活。你可以选择自己想要的人生。

第十三天
别再惧怕失败

没有人喜欢失败。不论是达不到自己的期望还是达不到别人的期望都令人沮丧。倘若这种事一而再再而三地出现，就足以使人感到绝望。难怪我们那么多人会不惜一切代价来避免失败。

然而你要是能将自己的心一层层剥开，就会发现对失败的恐惧其实源于自己病态的焦虑。比如，我们担心自己失败后被别人指指点点。我们担心令别人失望，担心给别人留下不好的印象。一路走来，我们之所以坚信自己不够好，并不是因为证据确凿，而是因为我们内心深处的那位批评家不切实际的论断。

因此，当我们面对陌生的任务或是项目（或是我们曾经搞砸过的项目）时，便吓得不敢动弹。我们畏缩不前，不敢行动，因为我们常常莫名其妙贬低自己、贬低自己的能力。这份恐惧支配着我们的思想，它增加了我们的压力，打击了我们的自信心。

这个坏习惯如何破坏生产力

我认为惧怕失败是一种习惯，因为它是随着时间的推移慢慢形成的。就像吸烟、游戏成瘾、不守时一样，惧怕失败是一种习得的行为模式。它慢慢变成你生活的一部分，并随着你不断的重复变得根深蒂固。

惧怕失败的根源因人而异。但对我们不少人来说，却能追溯到童年时代。但不论根源是什么，惧怕失败的习惯对我们生活的影响却是显而易见的。

惧怕失败使我们磨磨蹭蹭。当我们遇到自己舒适区之外的任务时，就会拖延时间。有时候，我们甚至无限期地拖延，暗自盼着任务会奇迹般地消失。

惧怕失败让我们不愿触碰具有挑战性的项目。我们循规蹈矩，只做自己熟悉的事情，这样就能降低风险，却牺牲了我们个人和职业发展的机会。

惧怕失败助长完美主义。除非能够确保万无一失，否则我们绝不去做那些任务和项目。通常，这意味着我们会把它们一股脑拒之门外。

惧怕失败妨碍我们迅速做出决定。我们过于担心决策错误，所以干脆不做任何决定。

惧怕原本是为了保护我们不受伤害。然而惧怕失败却在阻挠我们享受意义非凡的成功。下面的行动计划将帮助你改掉这个恶习，将风险当作个人成长的必经之路。

行动步骤

1. 识别恐惧。恐惧藏身于我们的内心深处，所以不常被人觉察。它冒出来做些坏事就赶快躲起来，直到我们再次遇到有挑战性的任务，它才伺机搞些破坏。要明白，恐惧一直存在。

2. 接受任何事都存在失败风险的事实。即便是做自己擅长的事情，也有可能遭遇失败。

3. 将失败当作挫折，仅此而已。失败并不能对你的能力盖棺论定。相反，它们是你通往成功的垫脚石。只要你能够认识到挫折的重要性，它们就会成为你学习知识的绝妙机会。它们让你清楚什么可行、什么不可行，让你明白将来该如何去做。

4. 愿意快速失败。如果说挫折是学习知识的机会，那么加速挫折的到来难道不明智吗？越快了解什么可行、什么不可行，你就能够更快地做出调整，取得进步。

5. 创建奖励计划。根据价值的不同，选择大大小小的奖励。每当你做了一些迈出舒适区的事情，就给自己相应的奖励，以补偿这么做给你带来的不适。比如，你处理了一个自己一直害怕的小任务，就让自己逛上十分钟脸书。小任务的风险不大，所以奖励的价值也不大。倘若你接受了一项似乎难于登天的项目，就奖励自己一张票，去看看自己最喜欢的乐队（比如管弦乐队）的表演。风险越大，奖励越大。这样做，可以训练你的大脑将承担风险和即时奖励联系起来。这种联系将慢慢战胜，并最终消除你对失败的恐惧。这需要时间，一定要对自己有耐心。你早晚能够做到。

6. 别再责怪自己。对你的行为和决定负责能够促进个人成长，然而负责是一回事，动不动就劈头盖脸地责怪自己是另外一回事。毫无疑问，你应该找到挫折背后的原因。这样，你才能够知道下一步如何去做。唯有这样，你才可以有目的地调整自己处理问题的方式。然而为了批评而批评一点用都没有。更糟糕的是，这将加剧你对失败的恐惧。别再玩推卸责任的游戏了。

7. 考虑最坏的结果。恐惧常常令我们想象出一些不切实际的后果。细想一下，你很快就会发现，这些后果根本不大可能出现。比如，我是个腼腆的男孩，我很怕接近女孩。在恐惧的内心深处，我想象着自己被全班同学奚落、追赶，无地自容。然而这场面并不真实。事实上，就算糟糕透顶，你顶多也就被一个女孩冷落而已。而我发现，这种结果我还是能够从容地应对的。采取行动后，你一旦遇到真正最糟糕的结果，就会发现，行动起来并没有那么可怕。

第十四天
别再惧怕成功

惧怕成功带来的焦虑可与惧怕失败相提并论。这种焦虑来源于几个方面。有些人惧怕成功，因为他们不知道该如何应对成功带来的影响。音乐人担心，在粉丝眼中，他的专辑就该登上畅销榜榜首。

其他人惧怕成功，因为他们担心成功会以某种特殊的方式改变他们的生活。高管惴惴不安，生怕一连串升职加薪会让自己变得目中无人。

还有些人惧怕成功，他们总觉得成功就意味着自己会不惜一切代价。律师忧心忡忡，自己接了某些有利可图的案子将有损道德。

不论根源如何，惧怕成功将阻碍你发挥自己的潜能。它将扯你的后腿，不让你追求自己的目标，不让你承担更大的责任，不让你提高对周围人的影响。

这个坏习惯如何破坏生产力

惧怕成功使我们磨磨蹭蹭。当我们面对某个一旦成功，就会为自己赢得认可、赞美以及更大权威和惩罚的项目时，我们犹豫了。只要我们不去做，就不会遭遇成功的风险。这就意味着我们可以不去理会成功带来的影响。

惧怕成功使我们无法全力以赴。倘若我们担心全力以赴将带来更大的责任和更高的期望，也许就更愿意选择懈怠。

惧怕成功将促使我们以自我破坏的方式行事。工作中，我们没准会迟到，没准会在会议上缄口不言，我们对待同事也变得越来越尖酸刻薄。在家里，我们可能不做家务、肆意挥霍，还会对家人们大发脾气。

最糟糕的是，惧怕成功常常在我们的潜意识中萌生和发酵，所以很容易就会被忽视。因此，我们自我破坏的行为也许是自然而然的反应，连我们自己都搞不清其中的原因。

几乎可以肯定，倘若你对成功心存恐惧，工作效率就会受到影响，也无法继续前进。下面提供了一些克服这一问题的方法……

行动步骤

1. 要知道，你怕的并不是成功，而是成功带来的影响。而其中的某些影响或许正是你不愿见到的。问题是，这些影响出现的概率有多大？你能控制它们吗？比如，假设你正在担心，一旦派对大获成功，今后但凡举办派对，朋友们就会让你出谋划策。而你原本可以避免这种事情的发生。首先，扪心自问，朋友们的反应果真如此吗？第二，倘若他们真的让你出谋划策，一定要提醒自己，你有权拒绝他们。

2. 成功带来的影响当中，哪些对你来说很重要，找出它们。通常，对成功的恐惧笼罩在不确定的因素当中。我们不知道自己究竟担心什么，所以也搞不清自己为什么害怕。为了直面我们的焦虑、克服焦虑，我们首先必须认清它们。比如，假设你打算写一部小说。你惧怕成功，是不是在担心招来负面评价？还是担心吸引到哪些专爱给别人挑毛病的坏蛋？一旦找出对你来说意义重大的影响，你就能够想办法一个一个解决它们。

3. 回想成功的经历以及它们带来的影响。比如，你也许给家人做过一顿很棒的饭菜。你做的饭菜带来任何负面影响了吗？你的期中考试没准得了满分。这又产生过什么不良影响吗？工作中，你可能做了一次完美的演讲。你的成功招致令自己遗憾的后果了吗？答案多半是“没有”。这么做是为了消除你不切实际的假想，不再以为成功将对你不利。

4. 写下惧怕成功如何令你止步不前。它是否限制了你的职业发展？它是否令你找不到心仪的爱人？它是否让你无法充分利用时间、金钱和其他资源？这样做十分重要，因为你的情况与任何人都不尽相同。因此，惧怕成功阻碍你发挥潜能的方式也是独一无二的。将它们一一记录下来，使它们具体化，你就更容易处理它们了。

5. 写日记。我们的恐惧以及随之而来的各种感觉都存在于我们的脑海当中。在那里，它们发挥着自己最大的影响力，行使着自己最大的权力。写日记给了你将这些恐惧和感觉转移到纸上（或是在线平台上）的机会，你将更容易发现自己可能错过的细节。记住，绝大多数的恐惧和感觉都是模棱两可造成的。写日记能够让你了解并思考其中的细节。

6. 养成积极自我暗示的习惯。每一天，都要提醒自己你的长处、能力以及愿意努力工作的决心。要知道，因为这些优点，你就值得获得成功。比如，倘若你精于筹办派对，就该成为超级棒的派对的筹划人。如果你是位有才华的作曲家，就该见到别人欣赏自己的音乐。假若你是个了不起的家长，就该见到自己的孩子快乐自信地成长，成为适应力强的人。多少次，我们对成功的恐惧让我们相信自己不值得成功。用积极的自我暗示来提醒自己，你值得拥有这一切。

第十五天
别再忘了给任务、项目和人际关系排个轻重缓急

不论在家还是工作单位，当你每天开始工作的时候，是不是首先处理最紧急的任务？在你决定是否花时间和某人相处时，是否考虑过自己究竟重不重视这段关系？倘若你忘了给这些事情排个轻重缓急，最终就会把有限的时间和精力浪费在微不足道的事情上。而一旦你挥霍掉这些时间和精力，能够花在对自己真正重要的事情上的时间和精力就少了一分。

将事情排个轻重缓急使我们能够管理好手头的资源。既然我们的时间有限，那么将时间花在影响力最大的活动和人际关系上就显得尤为重要。因为我们的注意力有限，所以将注意力

放在需要集中精力的重要任务上就显得十分关键。

忘了给任务、项目和人际关系排个轻重缓急将导致资源的浪费。倘若我们无法有效管理这些资源，我们的效率就会变得越来越低。

这个坏习惯如何破坏生产力

倘若不给事情排个轻重缓急，你生活中的每件事就一样紧急。琐碎的小事似乎和至关重要的任务平起平坐。可有可无的人脉似乎和那些直接影响自己幸福快乐的人际关系一样重要。每件事都在争先恐后地索要你的注意力，你感到不知所措，压力随之而来。我们在第十天提到过，持续不断的压力将降低我们的生产力。

不给事情排个轻重缓急致使你浪费了宝贵的时间。区分不出哪项任务、哪个项目和哪段人际关系最值得你关注，你将不可避免地把时间浪费在无关紧要的事情上。倘若你的工作有严格的时间限制，那么结果必然是灾难性的。

当你生活中的每一件事都同样重要，你很容易抛开尚未做完的任务投身到另一项任务之中。这会破坏你的工作节奏，反过来又会影响你的工作效率。

最后，不给事情排个轻重缓急，你的时间管理就会出状况。随着最后期限的临近，我们的工作、任务和项目越积越多。我们的家人，特别是那些对自己来说最重要的家人总是找我们帮忙。没有足够的时间和精力来满足别人的要求，你肯定就得偷懒。到头来，你的工作质量下降，你与朋友和亲人之间的关系也会僵化。

根据自己的时间、精力将任务排个轻重缓急能够帮助你理出头绪。这么做还能够过滤掉无关紧要的事情，这样一来，你就可以将必要的资源应用到对你来说真正重要的事情上。下面，我们将说说如何迈出这一步。

行动步骤

1. 认识到自己的时间和精力是有限的。没有人拥有足够的时间和精力做到面面俱到。除非我们承认，我们其实能够把自己的生活排个轻重缓急。倘若我们不公开承认自己时间精力有限，很容易就会陷入误区，认为自己无所不能，认为自己可以给任何人留个好印象。

2. 想想你的价值观和目标。它们将决定什么对你来说才重要。扪心自问：你想拥有什么样的成就？你为什么想拥有这些东西？你的生命中谁最重要？你为什么这么看重他们？要知道，并非每项任务、每个项目和每段人际关系都同样重要。想想自己做人的原则和抱负，它们就会变得清晰起来。

3. 认识到，倘若你不给自己的生活排个轻重缓急，早晚会有人帮你来做这件事。不少人浪费自己宝贵的时间迎合别人的需求，却没有时间处理自己的事情。他们被周围的世界牵着鼻子走，不知道什么该做，也不知道自己究竟想做些什么。当别人将他们的意愿强加在你身上时，要做好拒绝的准备。这么做能够帮助你腾出时间和其他资源来做那些对自己真正重要的事情。

4. 创建待办事项列表，将上面的事情排个轻重缓急。倘若你已经这么做了，那就领先了一步。倘若没有，那就从今天开始实施吧。写下每一项需要你付出精力的任务。然后根据每个项目的重要性和紧迫性，在列表中给它们定级。为了简便起见，用 A、B、C 或是 1、2、3 来表示各个级别。重要的任务定“A 级”或是“1 级”，重要但不紧急的任务定“B 级”或是“2 级”，琐碎的小事定“C 级”或是“3 级”。这么做使你能够在浏览列表的过程中迅速锁定需要自己投入精力的任务。

5. 想想什么都不做的后果。倘若不做待办事项列表中的某项任务，最糟糕的结果是什么？是不是就完不成其他任务或是满足其他人的要求？你的不作为是不是妨碍了自己实现目标？这样做能够让你清楚时间和精力该何去何从。

6. 决不能让别人手头重要的事情变成你自己的。在办公室，同事也许试图说服你帮忙完成他们的项目，即便这将迫使你搁置自己手头的项目。在家中，家人让你帮着完成他们的事情，即便它们和你要做的事情完全不搭边。朋友没准请你帮着处理他们的急事，即便这意味着你得立刻放弃自己忙着的事情。有些状况需要你根据别人的急事来调整自己手头事情的轻重缓急。但这种情况并不多见。

7. 区分紧急与重要。某项任务很紧急或是别人有急事找你，并不意味着你必须立刻处理它。首先，人们着急或是一时情急才使事情变得紧急，并非是因为他们需要马上处理这件事情。比如，你也许收到过朋友的短信，她说“很紧急”，要你立刻给她回电话。打完电话你才知道，她不过是想八卦一下她家最近发生的琐事。这些事也许紧急（至少对你朋友来说），但对你来说却无关紧要。第二，紧迫往往体现在他人的需求上。比如，一个同事手头的任务迫在眉睫，他忧心忡忡地找到你，请你帮忙。对他来说，他的处境的确紧急（或许也很重要），但对你来说却不一样。

第十六天
别再花太长时间来做决定

先做决定再行动。只有做好决定，才有行动的可能。既然如此，优柔寡断就会阻碍行动。它制约了你完成任务的能力。

优柔寡断的原因很多。拥有太多选择就是常见的一个。我们的选择越多，就越难从中挑出一个。

懒惰则是另外一个。我们懒散、无所事事，我们躲着不做决定，这样就用不着付出努力。

不少完美主义者都在和优柔寡断抗争。倘若他们磨蹭着不做决定，就可以晚些时候再接受有挑战性的任务，晚些时候再面对失败的风险（或是不完美）。

其他人犹豫不决，是因为他们害怕为自己的决定负责，害怕对结果负责。倘若他们磨蹭着不做决定，就不会产生任何后果，也就不会因此而受到责备。

还有些人犹豫不决，是因为他们没有明确的目标，而目标和价值观才是我们行动的动力。他们不知道自己想要什么，不知道自己所做的决定会把自己推向何方，所以迟迟不肯行动。

你肯定想象得出，时间一长，总是犹豫不决不可能令我们高效地工作。

这个坏习惯如何破坏生产力

在破坏生产力方面，优柔寡断比其他大多数坏习惯都要严重。首先，它削弱了你的自信心。每一次你无法做出决定，你内心深处的批评家就会借机质疑你的能力。这种情况越多，你对自己的感觉就越差。

第二，思虑过度使你错失机会。比如，假设有人给了你接受一个备受瞩目的项目的机会。你却犹犹豫豫，不应承下来，结果错失良机。你错过了这个机会，也错过了随之而来的好处（比如，与公司里的重要任务接触的机会、提升知识技能的机会等）。

第三，犹豫不决会让时间从你的指缝溜走。帕金森定律指出，“工作会膨胀，以填满所有可用的时间”。倘若你无法做决定，就会无所事事，任由时光流逝。结果，你所做的每一件事占用的时间都会比实际需要的多出不少。

第四，它将破坏你的工作记忆。你的工作记忆就像计算机的内存（随机存储内存）。大脑在这里暂时存储信息以备日后加以处理。正如计算机的内存一样，工作记忆是有限的。我们之前说过，问题在于选择越多，就越难抉择。优柔寡断将给你带来更多压力。而压力使你的工作记忆不堪重负，能够留给信息处理的资源就少了很多。

倘若你正在和优柔寡断抗争，就一定能够体会到它对生产力的影响。下面是一个简单的学习策略，它将帮助你更快地做出明智的决定。

行动步骤

1. 一定要接受牺牲在所难免的事实。我们常常不愿意做决定，因为害怕错过自己想要的东西。比如，假设现在影院上映着两部你想看的电影。而你只有时间去看其中一部。艰难的处境使你犹豫不决。一旦你意识到自己不可能拥有想要的一切，就更容易做出有目的的决定。

2. 一定要认识到，没完没了地做调查不见得就能做出更好的决定。额外的信息的确可以让你更了解当前的状况，但同样能够让你晕头转向。当你手头的信息不足时，通过相信自己的直觉来做决定。诚然，说起来容易做起来难，倘若你不习惯这样做，则会难上加难。不过和所有习惯一样，你凭借直觉做出的决定越多，就越容易做到这一点。

3. 给自己一个时间限制。优柔寡断很正常。世界顶级商业大亨、军事领袖以及想象得出的所有行业的专家有时也很难从具有竞争力的选项中挑出一个。然而某些时候，你必须做出决定。确定时间限制，逼自己做出决定。比如，假设你想卖掉自己的房子，却不知道该找哪家房产中介。设定必须将卖房信息挂出去的日期。最后的期限将逼着你选出房产中介。

4. 必须承认，有些决定会导致糟糕的后果。即便你掌握着所有相关信息，这种事也在所难免。当你承认结果并不总在自己的掌控之中，就不会那么害怕做决定了。比如，假设你打算挑选一家餐厅，周末带着爱人去吃顿饭，一定要承认，即便再明智的选择也有可能导致糟糕的结果（比如，服务不到位、食物中毒等）。这样做能够减轻你的压力，否则就是自找苦吃。

5. 每天早些时候处理最难做的决定。做决定消耗着我们的意志力。随着时间的推移，我们做的决定越来越多，我们的意志力也在慢慢耗尽。这就是为什么到了一天结束的时候，诸如吃什么晚餐、去不去健身房、租哪部电影回家看之类简单的决定都会变得十分困难。不是只有你这个样子。每个人都有过同样的经历。每天早些时候做些艰难的决定将帮助你摆脱“分析瘫痪症”。你将更快做出更明智的决定，然后信心满满地向前迈进。

6. 养成迅速做决定的习惯。从做影响不大的决定开始，比如在哪里吃午饭或是穿什么衣服去上班。风险小就不用多想，就更容易做出决定。这样做是为了训练自己迅速做出决定。你也许并没有掌握做决定所需的全部信息，结果也不尽如人意，但这没什么大不了的。重要的是，这将改掉你摇摆不定的毛病。

第十七天
别再强行改掉坏习惯

强行改掉坏习惯，挫败感便如影随形。挫败感令我们坚信，我们要么拥有成功必备的全部条件，要么就一点胜算都没有。没有任何回旋的余地。

这种态度令你注定失败。它助长完美主义，使你产生不切实际的期望。它促使你走极端，认为在改掉坏习惯的道路上，一次挫折就等同于失败。

强行改掉坏习惯的确奏效。但即便如此，成功往往转瞬即逝。你也许有过类似的经验。你是否强行改掉过某个坏习惯，结果几天或是几周后就恢复了原状？不少人——比如节食者，一遍又一遍地经历着这种循环的过程。恢复原状本身就是个坏习惯。

就我个人而言，我每次想要强行改掉某个坏习惯，几乎都以失败告终。所以我干脆不再这么做了。我发现一点一点地改掉坏习惯反倒能够享受更大的成功。我马上就教你怎么做。首先，让我们来看看强行改掉坏习惯将如何破坏你的生产力。

这个坏习惯如何破坏生产力

这个习惯对生产力的影响十分微妙，倘若你不仔细寻找，很难发现它的踪迹。首先，由于强行改掉坏习惯往往以失败告终，你身上遇事退缩的毛病就怎么也改不了。倘若这些习惯削弱了你有效管理时间的能力，它们就会不断地降低你的效率。

即便你强行改掉了某个坏习惯，它也极有可能复发。你用来对抗这个坏习惯的意志力有限，一旦耗尽，坏习惯就会卷土重来。这是因为要真正改掉某个坏习惯，就得改变支撑这个坏习惯的生活方式（心理暗示、每天要做的事情以及奖励），而强行改掉坏习惯并没有改变你的生活方式。在大多数情况下，意志力掩盖了这个事实。

第二，每次你强行改掉某个坏习惯却以失败告终，都会向大脑发送一条信息。而这条信息特别强调，你无法一直令结果尽如人意。这无疑是你内心的批评家最愿意听到的话。你内心的批评家会以此为据，指责你无能，指责你效率低下。你的自信心不断遭受打击，你渐渐认可了自己内心的批评家的说辞。比如，想想某个朋友或是家人一次次试图减肥，却屡屡失败的经历。你也许会听到那个人抱怨："我就是减不下去。"他或是她内心的批评家大获全胜。

第三，强行改掉坏习惯促使你不惜一切代价避免犯错。记住，这个过程助长了孤注一掷的思维模式。你要么保持这个坏习惯，要么就改得彻彻底底；要么成功，要么复发，证明自己彻底失败。没有任何回旋的余地。

这是完美主义的表现。你一旦拥有了孤注一掷的思维模式，就极不愿意犯错。因此，在新的挑战面前，你变得畏首畏尾，因为新的挑战意味着你要走出舒适区、承担失败的风险。这让你无法获得个人以及职业成长的机会。

我推荐一种更简便、更人性化，在我看来也更有效的方法来帮助你改掉坏习惯。这个方法在我身上屡试不爽，我相信，它也一定能够帮助到你。

行动步骤

1. 找出坏习惯。这听上去像是陈词滥调，但我们很容易忽视坏习惯，而将注意力放在不尽如人意的结果上。比如，努力减肥的人可能注意不到自己爱吃面包的坏习惯，而将注意力放在体重秤的数字上。试图完成更多工作的高管也许没发现自己立刻回复短信和邮件的坏习惯，而将注意力放在待办事项列表中尚未完成的事情上。找出你想改掉的坏习惯。这一步非常简单，但十分关键。

2. 找到触发坏习惯的心理暗示。比如，每次感到无聊，你都会访问脸书吗？倘若真是这样，无聊就是触发因素。每次感到压力倍增，你都会吃垃圾食品吗？倘若真是这样，压力就是触发因素。每天到了某个时候，你是不是忍不住打开电视？这个例子中，每天的这个时间就是触发因素。这些心理暗示是神经回路的一部分。它们诱发某种行为，而这一切通常都发生在你的潜意识层面。一旦找到这些心理暗示，你就能想办法阻断回路。阻断的形式可以是回避心理暗示（比如采取措施减轻压力），也可以是改变反应模式（比如，与其吃垃圾食品，不如去和同事聊聊天）。

3. 设计为期四周的行动计划。理想的情况是，我们能够在一天之内凭借意志力改掉坏习惯，并保证它们永远不再复发。不幸的是，改变习惯并不是这么简单的事。我们的大脑需要时间来适应新的生活模式。在很多情况下，支撑我们坏习惯的神经回路存在多年。你需要花些时间才能改变它们。制订一份详细的计划，写下自己每天该如何去做，才能改掉某个坏习惯。这个计划甚至可以简单到“当我感到压力倍增的时候，我就去找沙仑聊聊”。

4. 慢慢来。你为期四周的行动计划对运用这个策略大有裨益。在四周的时间里，你将慢慢改掉自己的坏习惯。比如，你通常会在无聊的时候浏览脸书。每次都得浏览 20 分钟。在最初的几天中，将这段时间缩短一半，缩短到 10 分钟。在接下来的几天里，再将这个时间缩短一半，缩短到 5 分钟。接着的一周当中，浏览脸书和另外一项活动交替共用这 5 分钟。这项活动可以是给朋友打电话聊聊天，或是预约牙医、预定饭店这类小事。这样做是为了改变你对现有心理暗示的反应模式。你的大脑会慢慢适应新的模式，最终帮助你改掉一感到无聊就浏览脸书的习惯。

5. 写习惯日记。清早写下你打算如何改掉这个坏习惯。到了晚上，写下自己一整天是否想办法避开了这个坏习惯。你的日记内容不用太多，几句话足矣。

6. 遇到挫折时请原谅自己。真正的习惯改变过程往往充斥着错误。比如，假设你打算远离垃圾食品，可第二天压力一大，你忍不住吃了点油酥点心。不要责怪自己。认识到自己犯了错，但要原谅自己，再次保证要实现目标（比如，改掉吃垃圾食品的习惯）。不少成就都是在犯了一系列错误之后才取得的。不要因为一次错误就自暴自弃。要成功改掉坏习惯，就得不断重复，改变自己的行为模式，并非追求完美。

第十八天
别再试图一下子做出太多改变

我们大多数人都想改变生活中的许多事情。比如，我们想吃得更好，加强锻炼，提高注意力，戒掉咖啡，放弃精炼的碳水化合物，变得更加自信，克服做事拖沓的毛病，存更多的钱，更早起床，读更多纪实作品。虽然这只是冰山一角，但你好歹知道自己想要些什么。

我们更愿意认准了就一头扎下去，一下子实现自己改掉所有坏习惯的愿望。这样做似乎是改变生活最快的方法。然而事实上，情况却恰恰相反。一下子做出太多改变只会令你的好习惯夭折，坏习惯继续逍遥法外。

为什么会这样？你一旦做出改变，随之而来的各种问题轻而易举就能让你喘不过气来。只要你喘不过气，就更想放弃。鉴于此，让我们来讨论一下，如此改掉坏习惯将如何降低你的工作效率。

这个坏习惯如何破坏生产力

无论何时，当你尝试着改变自己现有的行为模式，都有可能被自己阻挠。你的大脑已经习惯了现在的生活。它享受着当下，即便从长远来看，变化将使你获益，它也不愿意做出任何改变。这就是想真正改掉坏习惯绝非易事的原因之一。大脑是你的劲敌。

现在，想象一下同时改掉十几种行为模式的画面。你的大脑将反抗，它会在每个路口为你设置障碍。改掉一种习惯已实属不易，改掉十几种可谓难如登天。你的努力从一开始就注定失败。可你浪费的时间和精力本该得到更加有效的利用。

另一个问题是，当你试图同时做出很多改变时，就很难评估结果。倘若某些改变之间有着千丝万缕的联系，结果的评估就更是困难重重。比如，假设你想戒掉咖啡、戒掉糖并参加一些减压的日常活动。这三件事影响着你的心情。放弃咖啡会引发戒断症。不吃糖使你焦虑、疲惫。即便你在想办法减轻压力，这些问题还是会增加你的压力水平。

在这种情况下，你很难知道自己是否有所进展。比如，假设你感到压力倍增。这是否意味着你没有每天坚持给自己减压，还是因为这份压力本就缘于戒咖啡、戒糖？你根本搞不清其中的缘由。这意味着你无法判断自己的努力和精力是否得到了合理的运用。

另一个问题是，试图一下子做出太多改变，延长了你改变以及适应新的行为模式的时间。因为你要与内心抗争，想尽办法调整现有的行为模式，势必要付出巨大的精力。你的注意力会变得格外分散。因此，要形成新的行为模式并让它成为习惯，就需要更多的时间。事实上，倘若这一过程缺少足够的认知资源，新的行为模式根本站不稳脚跟。

你多半遇到过那种试图一下子改掉很多坏习惯的人。几乎可以肯定的是，他们养成的好习惯往往无疾而终。改变并非不可能的事。只是需要采用完全不同于上面这个例子的方法。以下就是改掉坏习惯的关键。

行动步骤

1. 写下你的每一个习惯。小的、大的以及介于两者之间的所有习惯，包括你想养成的好习惯，以及你想改掉的坏习惯。你可能更愿意把这种列表记在脑子里。千万不要这样。写下来，你就能好好想一想、做做笔记，并根据自己的情况，在必要或是适当的时候调整一下。

2. 设定五个难度等级，为每一个习惯确定一个难度等级。一级表示特别困难，五级表示并不困难。比如，你也许会把“戒烟”定为一级，而将“读更多纪实作品”定为五级。

3. 保证一次只改掉一个坏习惯。你也许觉得自己一次能够改掉更多的坏习惯。你或许真的可以做到。但现在，保证一次只改掉一个坏习惯。

4. 根据习惯的难度等级分配时间。比如，一级可能意味着你需要六周的时间才能彻底改掉这个习惯。五级或许意味着只需要两周的时间。你如何分配时间来改掉每一个习惯主要取决于自己的认知资源以及你对这些习惯的偏好。小贴士：不要低估养成新习惯所需的时间。做计划要谨慎，与其因为时间不足而打击自己，还不如分配些富裕的时间。

5. 为每个习惯的改变制订一个行动计划。我们在第十七天谈到要设计一个为期四周的行动计划，里面包含帮助我们向预期目标靠拢的小步骤。在这里，也要使用同样的方法。比如，假设你想读更多纪实作品。你将它定为“五级”，并确定需要两周的时间来养成这个习惯。你的行动计划也许如下所示：第一天到第三天——睡前10分钟阅读。第四天到第六天——睡前15分钟阅读。第七天到第九天——睡前20分钟阅读。第十天到第十四天，睡前30分钟阅读。再次重申，一步步来才能让习惯的改变走得更远。

6. 找一个支持你的伙伴。这个人将鼓励你、激励你，使你肩负起身上的责任。理想情况下，这个人已经成功做到了你想做出的改变。但他没有做到也没有关系。重要的是，你找到一个朋友、自己的爱人、一个教练或是其他的人来陪着你。想改变习惯已经够困难了，别再孤军奋战。

第十九天
别再因为缺少动力而迟迟不行动

我谈到养成好习惯和改掉坏习惯时，常常强调行为规律的重要性。行为规律在习惯的改变中发挥着至关重要的作用，因为它们能够帮助我们的大脑适应新常规。当我们试图在生活中做出积极的改变时，行为规律可以随时随地削弱我们内心的反抗力量。

尽管如此，动力也是关键的一环。它能够帮助我们不再昏昏欲睡，还能帮助我们有目的地行动起来。它能够督促我们向着好习惯迈出第一步，步入转变的过程，得到自己想要的结果。

问题是，动机并不可靠。它受到无数内外因素的影响，其中不少还不在我们的掌控之内。我们的人际关系、财务状况、精力、在同行中的声誉、个人成长的机会以及其他所有的因素都囊括其中。当其中的某些因素对我们不利的时候，我们就什么都不想干。反过来，这又会使我们变得无所事事，降低我们的办事能力。

这个坏习惯如何破坏生产力

当你什么都不想干，就很难工作下去。你将变得麻木不仁，即便遇到简单的任务，也会感到些许恐惧。比如，你是不是本打算做做家务，却因为想打个盹儿，就把家务丢在了一边？你是不是本打算把待办事项列表上的难题一一处理掉，却打了退堂鼓，把时间浪费在了脸书上？你是不是本打算下了班，一到家就去健身房，却忍不住看起奈飞上的电视剧，把去锻炼的念头抛到了九霄云外？

倘若真是这样，你一定有切身感受，少了做事的念头，我们就没法向着目标前进。

缺少动力将阻碍你的个人和职业发展。少了动力，你也会没有激情。这种状态将侵蚀你自我提升的愿望，使你丧失提升生活质量的意志力。

缺少动力还会令你莫名其妙地觉得对什么都不满意。当你什么都不想干，就会昏昏欲睡，很容易陷入莫名的不快当中。你开始吹毛求疵、失望难过，却搞不清究竟是为了什么。任由这种沮丧的情绪持续下去，你就会越来越不自信，终将无力采取行动。

尽管动机难以控制，但你完全能够从情绪的低谷中爬出来。下面给出了几点建议，当你行动起来的时候，可以利用它们来重获动力。

行动步骤

1. 迈出第一步。尽管我们总觉得有了动机才能行动，但事实却恰恰相反。行动起来，即便只是有目的地迈出一小步，也能给我们带来继续前进的动力。下面我来现身说法：有时候我写不下去东西。但以往的经验告诉我，只要坐下来写几句话，我就能找到继续写下去的动力。每一次都是如此。

2. 养成简单规律的作息习惯，它们将帮助你处理特殊的任务。规律的作息习惯如同小提示，使你端正心态，采取必要的行动。比如，我习惯读几段自己喜欢的纪实文学作者写的书。倘若你想打扫房间，没准习惯关掉电视、喝杯水，再找找必要的清洁工具。倘若你打算下班就去健身房，也许习惯在出门前换上运动服，再做几个拉伸动作。这些规律的作息习惯是为了让你的大脑清楚接下来会发生什么，它们提示你需要做哪些特殊的事情。为了让规律的作息习惯发挥作用，你需要在每一次处理任务时，用到为它们量身打造的作息习惯。

3. 丢掉要完美地完成工作的想法。伴随完美主义而来的压力是扼杀动力的凶手。要允许自己犯错。倘若你想打扫房间，就不要担心边边角角不干净。倘若你要介绍自己的工作，就不要担心说错话。一旦你能够故意让完美主义失望，就不用担心失败，还可以获得更多的自由。

4. 记录自己的成就，即便微不足道的成就也要记下来。我们总觉得什么都不想做，因为我们认为自己无法向着目标前进。这种情绪的产生是因为你忽视了曾经取得的成就。所以，做一本“成就”日记，把自己的成就醒目地标注出来。不论是在线日志还是便签簿都可以。重要的是，当你觉得什么都不想做的时候，可以随时翻开看一看。你需要的，也许就是立刻想起自己曾经取得的成就，然后下定决心，行动起来。

5. 整理工作空间。凌乱将使你不愿意采取有目的的行动。当我们看到办公室里或是办公桌上乱作一团的时候，就很难集中精力。凌乱无序使人气馁。倘若你的工作空间恰好如此，请腾出五分钟时间清理一下。扔掉再也用不到的文件。把零碎的东西收进小盒子，再把小盒子放在自己看不见的地方。是留是丢，以后再做决定。你也许会发现，凌乱无序正在吞噬你的意志力。清理工作空间，让它重新井然有序，你就能够摆脱昏昏欲睡的状态。

第二十天
别再不努力实现目标

在实现目标的过程中，承诺即为实现特定结果而做出的贡献。比如，你也许想好好收拾一下屋子、新学一门语言或是在这个月获得五个新用户。关键在于，你心中有数，并为了实现自己的预期而好好努力。

问题是，你很容易把承诺和单纯的兴趣混为一谈。一旦出现这种状况，我们的愿望就会落空。比如，我弹了将近 30 年的吉他，现在想再好好练一练。但我不想努力实现这个目标，只是有兴趣而已。既然如此，就算实现不了目标，也没有什么值得大惊小怪的。

相反，去年年底我决定在 12 个月内出版四本书。为了实现这个目标，我付出了努力。我发誓要让我的目标成为现实。结果，你现在读到的就是我在过去12个月里出版的第四本书。

每一天，我们面前摆着各种各样的目标。有些目标很小，都是每天要做的事情。另外一些却很大，反映着我们的长远抱负。倘若我们不努力实现它们，就别指望它们能够变为现实。我们更可能享受不到自己期盼的结果。

这个坏习惯如何破坏生产力

当我们不努力朝着某个特定的目标前进，我们就不太可能实现它。我在上文提到了自己对吉他感兴趣的例子。我的这个想法足足酝酿了三年多。然而那段时间里，我并没有为实现自己的目标而付出任何努力。我不愿意付出努力，所以毫无进展。

我们不愿意付出努力，往往却耗费了更多的时间来完成重要的任务和项目。比如，假设你打算清扫房间。你不能不做这件事。到了某个时候，你就得整理堆积的杂物，擦掉灰尘和污垢，倒掉垃圾。倘若你不努力做事，就更容易拖延。当你终于腾出时间来处理这些事情的时候，却再也找不到做事的激情。这只会令你更容易磨磨蹭蹭。

不努力还会使我们错过最后期限。想一想，当你专心致志，一门心思努力的时候，效率有多高。你的生产力飙升。此外，你还能够轻轻松松地在最后期限内完成任务，即便有些任务极具挑战性也不例外。当你不愿努力的时候，情况就刚好相反。遇到项目和任务，你敷衍了事。你无法将注意力集中在手头的工作上，分心搞得你焦头烂额。

做不完项目，耗费过多的时间完成任务，错过最后期限……这些都表明你的生产力在下降。鉴于此，让我们探讨一下，该如何努力，才能激情饱满地行动起来，有目的地实现自己的目标。

行动步骤

1. 弄清楚自己究竟想做什么。目标明确才是关键。比如，对我来说，想“弹吉他”还不够。相反，我应该将目标具体到弹得更快、更流畅、更有韵味，掌握更多即兴演奏技巧。同样，“清扫房间”也远远不够。相反，将你的目标具体到收拾客厅、清理厨房台面、打扫门廊。

2. 找出你想实现的某个目标背后的原因。比如，我想熟练地弹奏吉他，因为演奏音乐能够减轻我的压力，让我心情舒畅。你打算清扫房间，也许是因为这周晚些时候会有客人来家里吃晚饭。一位高管想收拾办公室，没准是因为这样做能够让他集中精力，以便更快地完成重要的工作。找到迫使我们行动起来的原因，就能够清楚地知道我们的行为是否符合自己的价值观和愿望。

3. 倘若你努力实现目标，就必须放弃哪些活动和志向，将它们一一写下来。比如，回想一下我打算在12个月内完成四本书的目标。我事先就知道，如果要实现这个目标，就必须做出牺牲。为此，我在奈飞上看电视剧的时间少了不少，也不总去看望家人和朋友，甚至推迟了练习吉他的计划。唯有搞清楚自己该放弃些什么，才能够真正努力实现目标。决定必须努力去实现某个特殊目标之前，你也要经历同样的过程。

4. 绞尽脑汁，想出可能出现的绊脚石。倘若我们能够事先想到它们，就不容易在真正遇到它们的时候轻言放弃。相反，因为我们有备而来，就更愿意坚持下去。比如，假设你需要当众介绍自己的工作。可能出现的一个问题是，学习如何播放表格、图示以及其他图片。另外一个问题是，找不到所需的关键数据。还有个问题是，安排时间，以便公司里的关键人物都能来听一听。倘若发生了意料之外的事情，我们很容易崩溃。未雨绸缪才能令我们有备无患。我们还要给自己些自由，以便想出独到的方法，最终得到自己想要的结果。

5. 想想自己需要什么，不能一门心思奔着想要的结果，还要解决一路上遇到的问题。让我们回到你需要当众介绍自己的工作上来。你得有数据、内容、编辑图片的软件、视频播放器，还要依靠别人在相应的时间和地点将文字展现在大屏幕上（如果需要，还有登录详情）。在介绍的过程中，你没准还得借助他人的技能和专业知识。倘若这是你第一次介绍自己的工作，多半还需要别人帮着把一切安排妥当，才能顺利进行。

6. 想想自己是否做好准备，也愿意付出努力。倘若你已经读完第一到第五步的全部内容，就该清楚得到特定结果需要的一切，还能意识到自己将面临的每一个挑战。现在，你可以做出明智的决定了。根据所需的时间、精力和注意力，以及可能遇到的问题，扪心自问，你是否做好了努力的准备。倘若你下定决心为之努力，就要做好准备，设计出合理的行动计划。

第二十一天
别再想着立刻得到满足

当我们想要什么东西的时候，就得立刻得到它。倘若别无选择，我们也能等。但要是让我们从立刻得到满足和将来享受快乐中做出选择，我们多半选择前者。

比如，假设你可以立刻观看自己喜欢的电视节目，也可以晚些时候再看，你的决定也不会给自己的生活带来任何影响。你难道不是立刻就看吗?

假设今天是星期二，你可以和朋友出去喝酒，也可以好好休息一晚上。倘若你知道自己的选择不会影响第二天的工作状态，你难道不会忍不住和朋友出去吗?

倘若将来我们吃不了苦头，自我利益就会逼着我们追求即时满足。当然，在现实生活中，我们总是在吃苦头。生活充斥着无休无止的选择，我们的每个决定都会带来后果。比如，倘若我们选择立刻坐下来观看自己最喜欢的电视节目，我们就得放弃健身、学习，也完不成待办事项列表中的工作。要是我们在工作日的晚上和朋友出去喝酒，第二天也许没法集中精力，高效工作。

问题是，很多人无法抗拒即时满足的诱惑。他们不顾一切地追求即时满足。他们对延时满足深恶痛绝，他们宁愿为自己的放纵付出代价。

这个坏习惯如何破坏生产力

纵容即时满足多半是在自我破坏。首先，它浪费了你宝贵的时间，使你没有时间去做更有成效的事情。你要是选择去打电子游戏，那么消耗在电子游戏上的时间就无法用来准备考试。倘若你决定看电视，那段时间就不能用来收拾屋子。时间是有限的，一旦被利用，就再也回不来了。

第二，纵容即时满足诱发冲动。它训练你的大脑为了眼前的快乐去放弃长期的利益。时间一长，这种行为变成了习惯，侵蚀着我们的自律能力和应变能力。我们不愿意向着目标前进，不再有抱负，反而在遇到挑战时向自己的冲动缴械投降。

第三，不断附和即时满足终将令我们大失所望。当我们满足当下的时候，却付出了高昂的代价：一路走来郁郁寡欢。我们开始觉得理所当然就该这样，我们忍受不了困境，纵容自己磨洋工。我们还越来越容易分心，这将侵蚀我们的注意力，削弱我们完成重要工作的能力。

倘若你在即时满足的诱惑下痛苦挣扎，现在是时候控制自己的冲动了。你将发现，抑制即时满足的冲动会提高自己的工作效率，帮助自己做出更明智的决定，并在追求目标的过程中提高自己处理问题的应变能力。

行动步骤

1. 写下对你来说最大的诱惑。将注意力集中在可能阻碍自己实现目标的事情上。比如，你很难在收到短信和邮件时不去看手机，即便你清楚这么做会分散你的注意力，影响你的工作效率。就算你知道垃圾食品在破坏自己的饮食习惯，也可能抵制不住它们的诱惑。你明知道查看脸书和照片墙上的更新会影响自己获得处理待办事项所需的动力，却还是每天都要看上几十次。在我们能够控制自己的冲动之前，必须敏锐地察觉出它们的存在。

2. 列出自己的短期目标、中期目标和长期目标，并给它们排个轻重缓急。面前放着这份列表，你就提醒自己哪些事才重要。它将清楚地向你展示，你在追求即时满足时究竟失去了什么。屈服于冲动所做的决定往往都是不确定导致的。你很容易忽视或是低估自己将要付出的代价。这张列表令你有机会审视每一个决定，使你觉察到随之而来的后果。

3. 面对最大的诱惑，试着延时满足。从稍微延迟一会儿入手，慢慢拉长延迟的时间。比如，假设你习惯一收到短信和邮件就查看并回复它们。在第一周里，努力等上 15 分钟再去查看和回复。并在接下来的一周里，将这个时间延长至30分钟。接着的一周，将延迟的时间拉长到60分钟。这样做能够提高你的自制力。它将告诉你的大脑，你不受冲动的控制，你能够克制自己。

4. 享受抑制冲动的感觉。知道自己拥有了抑制冲动的自控能力，你会觉得能够把控自己的生活。珍惜这种感觉。享受这种感觉。自控能力将在帮助你实现目标的过程中发挥至关重要的作用，不论你的目标是更高效地工作、存钱还是锻炼身体。

5. 找出促使你寻求即时满足的因素。它们也许是认知也许是环境因素。比如，你感到压力倍增时，是更愿意看电视还是工作？当你和某些朋友在一起，或是到了某些地方时，会不会一醉方休？一旦你找出促使你做出这些举动的因素，就能够规避它们——至少在你能够抑制自己的冲动之前是这样。

6. 犯错时请原谅自己。尽管你特别想抵制诱惑，但偶尔也会在冲动面前屈服。这没什么大不了。不要责怪自己。要知道，偶尔犯错在所难免。一旦犯错，就承认错误，然后继续前进，用不着责备自己。人人都会犯错。揪着错误不放没有任何意义。

第二十二天 别总在不同任务之间切换

我们早就习惯了在不同的任务之间切换，以至于自己都注意不到这一点。事实上，我们的生活越来越忙碌，我们似乎有必要在不同的任务之间来回切换。在办公室，当我们努力做着忙不完的工作时，却被短信、邮件和电话轮番轰炸。在家里，我们的注意力分散在爱人、孩子、宠物、家务以及电脑、电视、电话和其他小东西上。

各种各样的事情争夺着我们的时间和注意力，我们不少人只好同时处理很多事情。我们一边写邮件一边参加电话会议。我们一边做饭一边打电话。我们一边回短信一边陪孩子玩耍。在这个过程中，我们欺骗自己，让自己以为我们能够驾轻就熟地同时处理很多事情。实际上，我们在做的事情叫作任务切换。这是一个认知过程。在这个过程当中，我们的注意力资源在各种活动之间来回切换。

有些时候，这个过程非常简单。开车就是个例子。我们看着后视镜、关注着路况、检查着车速、注意着红绿灯，还得留意着盲区，与此同时，我们转向、踩油门、刹车，样样都不耽误。我们以为自己在同时处理很多任务。实际上，我们却是在不同任务之间来回切换。在这个例子当中，任务切换的不利影响并不明显，因为在不断的重复中，我们开车的过程已经变得格外娴熟。（我们不少人已经开了很多年车了。）

其他时候，任务转换将严重影响我们的效率。比如，一边做着我们不熟悉的饭菜，一边向银行咨询我们的存款情况。这个例子就没那么简单了，因为我们需要输入的信息有了很多变化。我们对准备饭菜感到陌生，就需要多投入些精力。和银行客服的谈话随时会有变化，也需要更多的注意力。试图同时处理这两件事情很快就会出问题，结果必然令你大失所望（比如，饭菜难以下咽，该问的问题也忘记问等）。

唯有极少数任务，即静态输入——能够通过肌肉记忆完成的任务（比如开车），任务之间的切换十分简单。绝大多数情况下，任务之间的切换将严重影响我们的生产力。

这个坏习惯如何破坏生产力

任务之间的切换影响你的工作节奏。每一次切换都是一种干扰，它们将削弱你“进入状态”的能力，而唯有进入状态，你的注意力才会最集中。这时，你的工作才能做得最好，效率才能最高。

切换任务还会降低你的速度。回想上一次你正忙着重要的事情时被打断的情景。你多半花了很长时间才回到正轨。研究表明，这个时间可以达到 25 分钟。一旦被打断，我们就需要很长时间才能找回动力，到了最后，我们完成任务耗费的时间远比需要的要多得多。

因为任务切换降低了我们的速度，所以我们能够做完的事情就少了很多。你有没有在一天结束的时候看着自己的待办事项列表琢磨，怎么完成得这么少？问题也许就在于你总是被电话、短信和其他因素干扰。倘若你每过半小时就被打断一次，然后再花上 25 分钟的时间回到正轨，你一定想象得出任务切换对自己生产力的影响了。

任务切换的另一个问题在于，它阻碍我们的创造力。创造性思维需要集中注意力。倘若你不停地从一项任务切换到另一项任务，就无法将注意力集中到某一项活动上。你的注意力资源转移得太快，就拥有不了超越传统思维所需的专注力。这将削弱你解决问题所需的创造能力。

倘若你跟踪过自己的工作方式，也许就会发现，你每过几分钟就会切换一次任务。这样做看似无害，实际上却给生产力带来了灾难性的影响。下面是如何打破这个恶性循环的一些方法。

行动步骤

1. 每天开始工作时，待办事项列表中需要处理的事情不得超过七件。这个列表将提醒你当天哪件事最重要。仅凭列表无法改变自己任务切换的习惯，但它却能够将你的注意力拉到一天结束前必须完成的事情上。有了这种意识，你就迈出了关键的第一步。

2. 关闭毫无用处的浏览器选项卡。不少任务的切换都是因为网上的信息吸引了我们的眼球。我们发现朋友的脸书有了更新，发现有些新闻很有意思。用不了多久，我们就点开了几十个浏览器标签，每一个都能让我们分心。除了处理手头任务所需的几个标签外，关掉所有的标签。

3. 关掉手机。新邮件提醒、短信提醒和电话都使你无法集中注意力。你一听到这些声音，就忍不住去看看，然后迅速回复一下。尽管这么做也许只需要几秒钟时间，却打断了你的思路。不论你在忙什么，大脑都会将你的注意力资源从手头的事情转移到新的任务上来。干脆关掉手机，这样你就不会分心，也不会被那些声音诱惑了。

4. 将你一天的时间划分成时间段。时间段的长短能够反映出你集中注意力的能力。记住，这种能力如同肌肉，越锻炼越强壮。倘若你习惯了在任务之间切换（即同时处理很多事情），先将时间段定为10分钟。努力在短暂的10分钟内只处理一件事情。一旦你能够毫不费力地做到这一点，就把时间段拉长到15分钟。再过一段时间，就能把时间段拉长到20分钟，接着30分钟，以此类推。一定要在时间段的间隙休息一小会儿。

5. 注意身体健康。每晚要有充足的睡眠。对大多数人来说，充足的睡眠意味着八小时的睡眠。但有些人每天睡六小时足矣。重要的是必须记住，疲劳助长分心。因此，你就更容易在不同的任务之间来回切换。同时，改善饮食习惯，避免白天出现饥饿和认知功能衰退的情况。含糖食品能够迅速提升你的能量，然而随着血糖的骤降，你的精神状态也会陷入萎靡。因为糖分进入体内的速度过快，用不了多久你又会感到饥饿。而你饿的时候就很难集中注意力。鸡蛋、鸡胸肉、扁豆、希腊酸奶这类高蛋白食物能够让你精神饱满，它们能够帮助你维持这种精神状态的时间要比含糖的垃圾食品长得多。

第二十三天
别再把自己淹没在信息中

我们依靠信息才能做出正确的决定。我们还需要利用信息来指导自己有目的地行动，实现切合实际的成功愿望。缺少有效的信息，我们就只能摸黑前行，胡乱猜测什么时候才可以信心满满地采取行动。

问题是：我们很容易养成搜集过多信息才行动的习惯。我们全身心地搜集信息，希望做决定的时候信心十足，可最终却演变成了拖延。我们说服自己，多搜集信息有好处，即便事实刚好相反。搜集信息成了将拖延的毛病合理化的手段。

我说的都是经验之谈。几年前，一旦要做决定，我就把可供选择的信息搜罗个遍，即便它们根本行不通也绝不放过。我浪费了大把的时间来做这件事。最后，我才发现自己之所以这样，都是恐惧在作祟。我担心做错决定、害怕做错事，所以干脆埋头搜集信息，拖延时间，不去承担风险。

我一会儿就告诉大家，我是如何改掉这个习惯的。不过首先，让我们来看看把自己淹没在信息中，将如何破坏你的生产力。

这个坏习惯如何破坏生产力

这个习惯会以三种不同的方式削弱你的办事能力。首先，它阻碍你做决定。当你面前摆着各种各样的选择时，你很容易陷入搜集它们潜在影响的泥潭当中。起初，你的调查看起来似乎很严谨。毕竟，你了解得越多，做的决定就越准确。然而信息的搜集遵循收益递减的规律。到了某个时候，额外信息承载的价值就会被搜集成本抵消。在这种情况下，成本是以浪费的时间和丧失的机会来衡量的。

第二，过多的信息将导致分析瘫痪。我们搜集大量信息，是想做出更好的决定、采取更明智的行动，但事实却恰恰相反。我们优柔寡断、止步不前，因为这些信息包含了太多的选择。我们很难遇到所有信息都指向某个完美的行动方案的时候。相反，我们面前摆着替代方案，个个都有机会成本。我们担心决策错误，所以才不敢行动，无所作为。

第三，过多的信息会浪费你的时间。因为总是拿不准，所以我们犹犹豫豫，就不得不花费过多的时间完成任务。考虑到眼前的选择，我们想做个完美的决定，采取完美的行动。即便只感到些许不确定，我们也不愿意向前迈步。所以我们止步不前，盼着能找个地洞钻进去。止步不前只会令时间从我们的指尖溜走，然而这些时间本可以得到更有效的利用。

如今，网络使我们比以往任何时候都更容易陷入这种窘境。信息就在我们的指尖，而且应有尽有，这无疑加剧了我们面临的问题。你可以把所有时间都耗费在调查面前的选择上，你需要的信息也永远查不完。

倘若你正在和这个习惯抗争，我可以告诉你一个好消息。你能够改掉它。下面就是用来改掉这个习惯的行动计划，它既快速又简单。

行动步骤

1. 要知道，信息越多，不见得就越好。这一点很关键。我们想得到过多信息的愿望源于一种心态。我们说服自己，了解得越详细越好，这多半是因为我们惧怕未知的事物。这个念头深深地扎根于我们的脑海，以至于我们从未怀疑过它。所以，一定要明白，你了解得越多，不一定就能做出完美的决定。

2. 接受这样一个事实：任何一个决定，任何一种行为都会带来机会成本。选择某件事就意味着牺牲掉另外一件事情带来的利益。比如，假设你打算买辆新车，就需要在普通汽车和SUV之间做出选择。选择普通汽车是省油，却牺牲了内部空间、座椅位置、视野以及碰撞安全性（由于大小不同）。一旦你明白任何进步都需要牺牲，就会发现自己能够越来越自信地做出选择。

3. 确定你的主要信息来源。你是不是经常浏览某些网站来获取自认为有价值的信息？你是不是依赖社交媒体提供的指导信息？你是不是去找比你更了解手头任务的人帮忙？这些做法本身并没有错。但你要是利用它们来拖延时间，问题就严重了。找出信息来源至关重要，只要找出信息来源，你就能够在需要采取行动的时候远离它们。

4. 设定最后期限。努力在规定的时间或日期前做出决定或采取行动。用神圣的态度来对待它。时间一到，就切断你的信息来源，利用现有的信息做决定。

5. 训练自己在不确定的环境中前进。就像习惯的养成一样，关键是要从小事做起，别着急。在不调查的情况下，先做些无关紧要的决定。比如，不看点评网站上的评论，直接去饭店吃上一顿。不看烂番茄（RottenTomatoes）和 MetaCritic（电影、电视节目等评论网站）上的评分，直接去看场电影。时间一长，你用不着事先调查，就能做出更重要的决定。比如，没有选好“完美的”酒店，周末就打算带着爱人去度假。还没有调查当地某个慈善机构的价值观和你的是否一致，就直接加入进去。这样做是为了让你在捉摸不定的环境中果断地行动起来。

6. 避免依仗信息。信息是为了证实我们已经知道的事情。它们是一种验证方式。由于这种验证是多余的，所以它们提供的价值可以忽略不计。比如，假设你需要为自己的网站选择虚拟主机，已经把选择范围缩小到了某一家公司。你觉得选这家公司准没错。可你还是忍不住上网查查评论，来印证自己的选择。到了决策的这个阶段，你的做法就是依仗评论。这些评论毫无价值，因为它们只能证明你已经知道的事情。

第二十四天
别再没有明确的目标就工作

我强烈建议设定个人目标和职业目标。我认为，这样做可以区分成功者和空想者。尽管没有目标，也可能做成大事，也可能大获成功，但倘若有了清晰合理的目标，做成大事、大获成功的概率会高出不少。

合理的目标设定还包括行动计划的制订。也就是说，一旦知道自己想要什么（比如，减重约 15 千克、存款约 350 000 元等），就得制订计划、标准，以便心想事成。比如，我们没准想在一周之内减重约 1 千克，或是一个月存上约 3500 元。只要达到标准，我们就有信心实现自己期望的目标。

要是没有目标，我们就搞不清自己是否步入正轨。比如，假设你管理着生产零部件的员工。你想将他们的效率提升15%，要么增产，要么降低错误率。除非你制定出衡量这些事情的目标和标准，否则就无法知道自己是否取得了成功。

不少人自以为设定了个人和职业目标，而实际上，他们只是确定了自己的志向。比如，他们想学习一门新的语言，提高打字速度，多读纪实作品。可他们并没有明确自己想要的结果（比如，不用字幕就能看懂法国电影，每分钟打 100 个字或是每个月读完三本纪实作品）。缺少明确的目标，你就无法制订计划，使它们变为现实。

倘若你后悔犯了这种错误，你的生产力多半已经受到了影响。

这个坏习惯如何破坏生产力

少了目标，我们根本搞不清自己想得到什么。比如，我们存钱，却不知道该存多少。我们练习打字，却说不清练到什么时候才算熟练。我们锻炼身体，但因为不确定自己是想减肥、增强耐力还是提升肌肉质量，所以不知道该做哪些动作。不清楚自己想得到什么，我们就是在浪费时间和精力。

这个习惯还会扼杀我们行动的动力。倘若我们搞不清自己想要什么，也不制订带有标准和最后期限的行动计划，就没有行动起来的紧迫感。少了紧迫感，我们很容易变得昏昏沉沉。

到了最后，我们只会磨磨蹭蹭，止步不前。

目标赋予我们生活的意义和主宰生活的感觉。当我们有目的地行动起来，就能享受到主宰生活的乐趣。只要我们的行动达到了预期标准，就能够获得成就感。这种感觉不但可以提升我们的整体面貌，还能够激励我们继续努力，取得积极的成就。我们的目标和标准就是自我效能感的有力证据。

缺少明确的目标，还会妨碍我们正确决策的能力。我们的选择以及相应的机会成本变得模糊不清，很难从中挑出一个。比如，假设你打算存钱，却没有设定存款目标。少了这个目标，如何支配自己的收入无缘无故变得复杂起来。你不能问自己："哪种选择让我更接近目标？"因为根本没有清晰明确的目标。

最后，缺少目标还会降低我们的责任感。倘若我们不按计划行事，也不努力达到预期的目标，也就无所谓失败。因此，我们无法责怪自己碌碌无为。这种状况必然引发问题，因为责任感能带来数不尽的好处。责任感激励着我们采取行动，让我们关注最后期限，迫使我们努力工作。一旦失去责任感，我们很容易将自己的动机抛在脑后。

倘若你从未尝试过，设定目标会显得有些可怕。但只要遵循正确的策略，设定目标其实很简单。而且，你设定的目标越多，就越会设定目标。

行动步骤

1. 从小目标着手。这样做是为了训练自己在设定目标的时候不必承受大目标带来的压力。比如，与其设定减重约23千克的目标，还不如设定减重约4千克的目标。然后制订一个有标准的行动计划。比如，“每周减重约1千克”。即便是小目标，只要实现了它们，也会促使你的大脑释放多巴胺（一种神经递质）。这种促使你感觉良好的激素与快乐的情绪相关，它会鼓励你继续实现目标，以便释放更多的多巴胺。

2. 设定S.M.A.R.T.目标。这几个字母分别代表具体的（Specific）、可以衡量的（Measurable）、可以达到的（Achievable）、相关的（Relevant），以及有时间限制的（Time-sensitive）。从本质上看，目标应该清晰明确、包括可以衡量的内容（如数量、日期等）、合理、符合自己的期望，并有时间的限制。S.M.A.R.T.目标并不完美。但它简便易行，是个很好的开端。

3. 根据目标的轻重缓急排序。对你来说，有些目标会比其他的更重要。有些目标会比其他的更紧急，必须立刻处理。根据轻重缓急给目标排序，你就知道该如何分配自己的资源。

4. 设定每日目标。每日目标可以是“冥想10分钟”“做

20个俯卧撑”或是“写日记”这么简单。也就是说，每日目标能够通过待办事项列表体现出来。这样做并不是为了帮助你完成每天要做的事情，而是要让你养成设定目标的习惯。这样一来，你的思维模式将慢慢转变。到了最后，不论你想达到什么目标，都会有目的地行动起来，努力达到设定的标准。这种把控一切的态度简直令人难以置信。

5. 每周回顾一下自己取得的进步。评估自己的表现。你上周完成每日目标了吗？你达到实现长期目标所需的标准了吗？为此，你合理利用时间了吗？倘若哪里出了问题，试着找出其中的原因（时间不够、任务量过大、缺少支持等）。这也是重新审视目标是否合理的好时机。随着环境的变化，有些目标已经失去了意义。比如，假设你打算暑假带着家人去度假。但你一升职就没能腾出时间休假。在这种情况下，你当前的时间安排不允许你带着家人去度假，这个目标也就变得毫无意义了。

第二十五天
别再等到完美的时机才行动

“现在还不是时候。”

你以前可能对自己或是别人说过这种话。你或许是在找借口，来逃避自己不愿见到的结果。你这么说，没准是在想方设法拖延。你盼着事情能够朝着对你有利的方向发展。

比如，假设你想发展自己的事业。还要假设，要发展自己的事业，你就必须离开现在的老板，谋求新的职位。这无疑是对现状的极大挑战。为了拖延，你也许忍不住告诉自己：“现在还不是时候。”这就默许了你的无所作为。

假设你打算开辟副业，因为你希望每个月都能有额外的收入。可谁知道呢？你的副业没准能够稳定到足以养活你和你的家人，那么你就可以辞掉现在的工作。然而创业，即便是从自己的卧室做起，也充满变数。你害怕了，于是可能会对自己说："现在还不是时候。"

待到时机成熟再行动似乎合情合理。然而重要的是，你要明白，完美的行动时间压根就不存在。挑战无处不在。在这种情况下，待到时机成熟实际就是在拖延。

这个坏习惯如何破坏生产力

首先，等待使我们骄傲自满。它让我们慢慢满足于现状。与其应对新的挑战，还不如沉浸在曾经的成就当中。比如，销售人员也许满足于上个月达到销售目标获得认可，而不去努力达到这个月的目标。大学生没准因为自己最近一次考试表现优异就骄傲自满，没有为即将到来的考试做好准备。骄傲自满不但阻碍我们的个人发展和职业发展，还会影响我们的生产力。

第二，待到时机成熟才行动将使我们错失机会。渐渐地，它让我们以为机会就是毫无风险地获益。我们形成了一种思维模式，以为要利用机会，我们只需要接受它们。然而生活并非如此。机会不是彩票，风险（失败的风险、浪费时间的风险等）总会如影随形地跟着它们。拒绝接受风险就意味着拒绝接受机会。

第三，等待使目标成了空想。我们周围的环境永远不可能完美，待到时机成熟才行动实际上意味着我们永远都不会行动。而要实现自己的愿望，我们就必须有目的地行动起来，所以我们的愿望总成不了真。

倘若你已经养成了待到时机成熟才行动的习惯，现在就是时候做出改变了。好处在于，不待时机成熟就行动将提高你的工作效率，并最终使你过上更有意义的生活。

行动步骤

1. 要知道，完美的时机并不存在。在书中读到有关个人发展的这个理论是一回事，完全接受它又是另外一回事。对我们不少人来说，接受这个理论并不简单，因为等待完美的时机是我们根深蒂固的习惯，是我们坚不可摧的行为模式。认清鼓吹它的谬论对于打破这种行为模式至关重要。

2. 不满足于现状。满足现状、对自己当前的状况感到自豪并没有错。事实上，反思自己取得的成就十分重要，它们正是我们主宰生活的有力证据。与此同时，不断提升自我也很重要。从长远来看，提升自我，关系着我们的幸福。问题是，要提升自我，就不得不改变现状。而现状却是我们的大脑更愿意接受的状态。因此，当你试图改变现状时，就该预见到内心抗拒的力量。不满于现状，就要培养成长型思维，就要随时随地接受挑战。

3. 情况不利时，就迈小步。这样做能够使你的大脑慢慢适应不利的环境，降低对风险的敏感性。迈小步带来的风险有限。比如，假设你在等待“完美”时机给潜在客户推销商品。别再等下去了。给客户打个电话推销吧。最糟的状况是什么？

（潜在客户拒绝你。）假设你在等待“完美”时机带着爱人过周末。别再等下去了。好好计划一下，去享受二人世界吧。再次重申，最糟的结果是什么？（即便时机不够完美，你也一定喜欢这个周末。）我们正在训练自己的大脑，让它认识到，唯有行动起来，我们的愿望才有价值。等待完美时机只不过是拖延的手段。

4. 增加筹码。养成在情况不利的条件下行动的习惯就像锻炼肌肉。重复和坚韧至关重要。你“练习”得越多，就越容易克服困难，这个习惯也就越稳固。在前面的步骤中，我们迈小步，降低了对行动中固有风险的敏感性。现在，我们不妨大胆迈步，为自己赢得更大的回报。当然，这也会带来更大的风险。比如，开始寻找促进自己事业发展的新职位。开启你琢磨了好几个月的副业。倘若你一直想要搬家，就给房地产中介打个电话，把自己的房子挂出去。大动作大回报，但也会带来更大的风险。待到时机成熟才行动，将阻碍我们的发展，迈大步正是我们认清这一事实的关键一环。

第二十六天
别再使用毫无用处的生产力应用程序

我们总是忍不住去用新的生产力应用程序。这些应用程序声称能够提高我们的效率，帮助我们在更短的时间内完成更多的工作。它们还声称，能够帮助我们解开谜团的关键一环。倘若你和我一样，一直在寻找更高效的方法，这种说辞无疑令我们热血沸腾。你总觉得至少该试一试，否则似乎错过了什么，全然不考虑自己已经在使用一款功能一模一样的应用程序。

比如，多年来，我一直在用谷歌日历。它是一款简单直观的免费程序。然而每当新的日历程序问世，我总忍不住试一试。到了最后，我下载了好几款日历程序，这完全是在浪费时间（真讽刺）。几年来，我一直觉得印象笔记（Evernote）

不错。可我还是用了很多其他笔记程序。新的程序格外有吸引力，就因为它们是刚刚问世。

问题是：忍不住使用新的生产力应用程序必然导致冗余。到了最后，我们下载了好多日历、待办事项列表、笔记程序和通讯簿。而这些应用程序往往都具备对我们来说非常重要的功能。这会在很多方面破坏我们的生产力。

这个坏习惯如何破坏生产力

首先，使用功能重复的应用程序招致混乱。比如，假设你在用印象笔记跟踪家里的大事、账单、汽车保养情况以及各种其他的日常琐事。假设你打算试一试“一本通”（OneNote）。你开始将家庭开销、商业点子、旅游计划输入这款应用程序。听说手写笔记（MyScript Nebo）也不错，你也开始用手写笔记。这种状况持续了很久，直到某一天，你需要查看某个特定客户的详细信息。不幸的是，你记不清自己把他的信息记在了哪款软件上。你现在不得不浪费时间，从各个软件上搜索一番。

第二，使用毫无用处的生产力应用程序使我们更容易分心。我们摆弄这些应用程序，测试它们的功能，却没有完成待办事项列表上的事情，没有推进项目。我们美其名曰：在研究能够让自己的日常生产力发生翻天覆地变化的应用程序。然而事实上，我们把宝贵的时间浪费在了研究那些自己根本用不到的工具上。到了最后，我们牺牲了自己的注意力，就更难完成重要的工作。

第三，急着使用每款新出的生产力应用程序让我们误以为它们才是生产力的基石。我们慢慢相信，少了它们，我们就无法前进——没有它们的帮忙，我们就一事无成。然而事实上，这完全是一派胡言。生产力应用程序不过是工具而已。它们帮助我们优化工作内容。倘若没有工作，这些应用程序对我们来说一点用都没有。

比如，倘若我没有将日历当作计划工具的习惯，那么我是用谷歌日历、幻想 2（Fantastical 2）还是别的什么都无关紧要。这些应用程序对我来说没有任何意义。从另一个角度来看，就算我有使用日历的习惯，用不用这些应用程序也不打紧，我完全可以利用纸质日历达到同样的效果。

生产力应用程序并不是我们高效工作的原因。它们只不过在帮助我们协调与生产力相关的习惯。鉴于此，倘若你发现自己总也抵挡不住新的生产力应用程序的诱惑，下面的几条建议将帮助你改掉这个习惯。

行动步骤

1. 在使用生产力应用程序方面，遵循“唯一原则”。使用一款日历应用程序、一款笔记应用程序、一款待办事项列表应用程序、一款时间跟踪应用程序。

2. 审查自己目前使用的生产力应用程序。记录手机和浏览器上下载的应用程序。倘若你刚好使用一些纸质工具，也将它们记录下来。确定哪些是自己最常用的工具。若是为了达到某个目的，你在同时使用多款应用程序（即，你违背了“唯一原则”），就要找出原因。是不是某款应用程序提供的功能是另一款应用程序提供不了的？是不是某款应用程序比另一款更直观？

3. 整合生产力应用程序。如果你为了达到一个目的而使用多款应用程序，找出哪些功能对你来说最为重要，并选择那款能够提供这些功能的应用程序。倘若你需要的功能是某些冗余的应用程序独有的，问问自己是否真的需要它们。你会发现，放弃这些功能也没有什么大碍。

4. 不去看新的生产力应用程序的评论。这些评论只会引诱你尝试新的应用程序。对我们来说，阅读评论就如同在你节食的时候把糖放在口袋里。要把诱惑统统抛出去。

5. 使用同步的应用程序。同步的应用程序能够帮助你简化工作内容、缩短浪费的时间，帮助你更了解自己一天（或是一周、一个月等等）当中都做了什么。比如，我用简洁日程（Todoist）记录待办事项列表。这款应用程序能够与谷歌日历同步。两款应用程序的整合使日历上的事件自动添加到简洁日程上，反之亦然。

6. 卸载不需要的应用程序。确定哪些生产力应用程序是多余的非常重要。同样重要的是，顺理成章地过渡到下一步：摆脱它们。将手机和浏览器中的应用程序卸载。这样，你就不会忍不住摆弄它们，也用不着根据“唯一原则”将它们整合在一起。

第二十七天
别再把所有事情都记在脑子里

你如果把需要做的事情一一记在脑子里，多半会遗漏它们。你也许会错过约会，或是忘了去杂货店买东西。你没准还会把重要的工作抛在脑后。

大脑中的工作记忆存储着等待处理的短期信息，但空间有限。如果不记录下来，这部分信息很容易丢失。

这便是待办事项列表的意义所在。它们让你将充斥在大脑中的信息一股脑倾泻到另一个媒介上。这样，你就用不着记住所有的信息。这样做不但能够释放你的工作记忆，还可以确保不遗漏任何信息。有了得力的任务管理系统的帮助，就能够确保你的时间和精力都花费在最有价值的事情上。

话虽如此，你没准还是更愿意依赖记忆。将杂七杂八的事情（比如电话号码、日期等）记在脑子里，似乎更方便，这样你就不用“浪费”时间写下它们。但从长远来看，你将发现这种做法破坏了你的生产力。

这个坏习惯如何破坏生产力

我在上文中提到，如果我们试图把所有的事情都记在脑子里，多半会遗漏它们。大脑的工作记忆无法存储我们需要的全部细节信息。用不了多长时间，我们就开始忘事。这会影响到我们生活的方方面面，不论是工作、人际关系，还是身体健康、一家老小。

把所有事情都记在脑子里还会令你不知所措。你也许要处理大量的任务、项目和其他事情。有些事情迫在眉睫。有些事情一旦被遗忘，就会引发严重的后果（比如，忘了去学校接孩子）。一天到晚埋头处理所有的事情，你很容易感到不知所措。

依赖记忆令你很难将待办事项排个轻重缓急。记住每一项任务、项目和责任实属不易，再让记忆给它们排个序就更是难如登天。不给事情排个轻重缓急，就搞不清该把自己有限的时间和精力花在什么地方。

你不把事情写下来，就更容易分心。你脑子中的全部信息侵蚀着你的注意力，因为琐事和重要的事情你争我夺，都想得到你的关注。不给事情排个轻重缓急带来的问题使你很难集中注意力。它拖着你的后腿，不让你顺畅地工作。可唯有顺畅地工作，你的表现才能出色，生产力才能提高。

倘若你不习惯写待办事项列表，它对你来说似乎就是项艰巨的任务。其实它比你想象得要容易，只需要养成几个小习惯。下面的这个应急计划，将帮助你做出改变，它会使你更有条理、更加高效。

行动步骤

1. 选一款自己喜欢的软件。我正在用的简洁日程、一本通或是印象笔记的功能和布局风格也许更符合你的喜好。你没准更愿意使用纸笔记录。这完全由你做主。此外，你还可以随时更换不同的软件。

2. 每天花 10 分钟时间，把你脑子中的信息写下来。把这种做法当成清理脑袋中的垃圾。把所有的信息写在一张列表上。别担心格式。你将在接下来的步骤中解决这个问题。选择一天中最适合你的时间，然后坚持下去。我每天都是晚上 9 点清理脑袋中的垃圾。你也许喜欢一边吃早饭一边这么做。

3. 把所有信息都写在一张列表上后，圈出今天必须解决的事情（倘若你是在晚上做这件事，就圈出第二天必须解决的事情）。把它们写在你的待办事项列表中。我将在第五步告诉你如何处理剩下的事情。

4. 将每天的代办事项限制在 10 个以内。理想的状况是，你的列表上只有 7 件事（甚至更少），因为列表越短，你的注意力才越集中，动力才越充足。可你要很忙，就不可能只处理这么几件事。在这种情况下，列表中的事项也一定不要超过

10个。

5. 制作多个列表。除了每天的待办事项列表，你还要制作“琐事”列表、“定期任务”列表，以及尽可能多的项目列表。“琐事”列表记录着你需要处理的小事，只不过你可以晚些时候再解决它们（也就是说，不用今天解决）。比如给朋友买生日礼物，给父母打电话，把车开到店里换油。“定期任务”列表记录着修建草坪，支付账单，为老板制作销售周报这类事情。项目列表记录着某个特殊项目要求你做的事情。比如，假设你在写小说。这个项目也许需要你“聘请编辑”，“聘请封面设计师”以及“请代理帮忙寻找出版社”。你还可以制作其他列表，但这四种列表足以帮助你开始工作。

6. 给待办事项列表、“琐事”列表以及项目列表中的每件事排个轻重缓急。考虑事情的紧迫性和重要性（有些事很紧急，但不重要，反之亦然）。我建议使用1/2/3或是A/B/C来评级。这种评级方式简单易行，还拥有与复杂评级方式相同的优势。

第二十八天
别再让不重要的小事溜进自己每天的待办事项列表

想象一下这样的情景：新的一天开始了，你手头只有一份相当简短的待办事项列表。你信心十足地处理上面的事情，一件一件地将它们画掉。它激励着你充分利用时间来完成重要的任务、推进重要的项目。

接着，奇怪的事儿出现了。时间一点点过去，新的任务出现在你的待办事项列表中。你早上开始工作的时候，待办事项列表中的事情不足十项，现在却达到了几十项。更糟糕的是，大多数事情对你来说并不重要。它们比其他任何事情都更令你分心。最糟糕的是，清晨你活力满满，信心十足，现在却变得心灰意懒，无动于衷。

这是怎么回事?

我们忙得团团转是常有的事。在我们醒着的每一小时中，接二连三的事情索要着我们的注意力资源。有些事是我们的责任。另外一些则源于他人的需求。不论是为自己还是为别人，我们都更愿意将它们以新事项的形式添加到我们的待办事项列表当中。事情越简单，我们把它们写在列表中的可能性就越大，因为我们总觉得，处理这些事情用不了多少时间和精力。

事实上，将不重要的小事添加到自己每天的待办事项列表的习惯会削弱我们的生产力和效率。

这个坏习惯如何破坏生产力

如果我们纵容不重要的小事溜进自己每天的待办事项列表，最终就会把时间浪费在意义不大的小事上。这些事似乎没什么大碍，倘若它们占用的时间不多，就更是如此。但时间是有限的，这些小事会把关键的资源从价值高的工作中转移出来，而价值高的工作才更可能帮助我们实现目标。

比如，假设你准备为老板做一次重要的工作汇报。这件事很重要，时间也很紧迫。在你准备的时候，一位同事请你晚些时候帮她写份报告。你很容易答应她，把写报告添进待办事项列表。问题是，要是你准备工作汇报的时间比自己想象得长，答应她就会影响你的工作。更糟糕的是，如果你帮了她，就放弃了价值高的工作，而投身到意义不大的事情上（至少对你来说意义不大）。

纵容无关紧要的小事溜进自己每天的待办事项列表会消耗你的注意力。当列表中的事情不超过 10 件，你完全可以把注意力资源集中在这些事情上，还不会分心。可你的列表上要是有几十件无足轻重的事，情况就会完全不同。各种各样的事情牵扯着你的精力，其中不少事情的重要性和目标都相互冲突。这无疑会分散你的注意力。

这个坏习惯并不起眼，所以我们还没来得及发现，就已经变成了它的傀儡。不经意间，我们每天的待办事项列表都在膨胀。除非我们仔细观察它的影响，否则肯定觉察不到它给我们的生产力带来了不利影响。让我们来阻止它，以便回收我们既宝贵又有限的注意力资源。

行动步骤

1. 将待办事项列表中的每件事都和自己的个人或是职业目标联系起来。这样做可以帮助你区分价值高的工作和无足轻重的工作。与预期结果一致的任务应该被归为重要。与预期结果无关的任务则被视为无关紧要。

2. 避免无关紧要的工作。重要的工作推动你朝着目标前进。由于你的注意力资源有限，你必须小心翼翼地保护好它。最大限度地提高生产力就要求你将有限的资源用在最有价值的事情上面。这意味着，你必须把无关紧要的小事从待办事项列表中清除出去。

3. 开始说不。永远也少不了请你帮忙的人。同时，你的时间和精力却总是不够用。你必须在工作中合理地分配时间和精力。这样做需要你设定界限，也就意味着你必须习惯对别人说不。反之（答应别人）则会令你陷入他人的需求，任由它们搅乱你的工作节奏，延长你的工作时间。

4. 创建一份“不能做”清单。这份清单记录着你认为不值得浪费时间的任何活动，所以必须远离它们。例如，经常查看邮件、谁的电话都接、不自觉地答应别人的请求。远离这些活动使你能够将注意力集中到对你来说真正重要的事情上。它能够防止你浪费时间，提高你的工作效率。

5. 区分紧急和重要的任务。我们在第十五天讨论过紧急和重要的区别，在这里就不一一赘述。再次重申，紧急的任务也许和你的目标无关，所以并不重要。既然如此，你完全可以放心地舍弃它们，或是交给别人去做，而不用担心任何不良后果。

第二十九天
别再过于重视邮件

邮件不会降低我们的生产力。相反，它能够提高我们的效率。问题是，我们不少人在阅读和回复邮件的过程中养成了很多坏习惯。

比如，我们试图一收到邮件就立刻回复。我们每过几分钟就看看有没有新邮件，一收到邮件就立即回复。更糟糕的是，我们还设定新邮件提醒。这样一来，我们虽然不用每隔几分钟就查看一次邮箱，但新邮件提醒的啁啾声和嘟嘟声无疑在破坏我们的注意力。

还有个坏习惯是早晨起来查看邮件。清晨我们精力充沛，就因为查看邮件，把本该用在最有价值的工作中的时间白白浪费掉了。当然，有些人是因为工作需要以及其他原因才在早晨查看邮件。但我们大多数人完全可以把这个时间推迟到下午或是晚上。

写太长的回复也在浪费我们的时间。我自己也因此而感到内疚。我们很少收到需要回复好几句话的邮件。亚马逊创始人杰夫·贝佐斯就以给汇报工作的人写超短的回复而闻名。他的有些回复甚至短到只是一个“？”。当贝佐斯得知客户那边有问题时，就会向高管们发一个“？”。

这些习惯都缘于我们过于重视邮件。我们总觉得每条信息、每封邮件都既重要又紧急。事实上，它们大都既不重要也不紧急。

这个坏习惯如何破坏生产力

过于重视邮件将在四个方面破坏你的生产力。首先，它在浪费你的时间。反复查看新邮件并立刻回复它们，将把你从其他任务和项目上拽走。

第二，它破坏你的注意力。倘若你不停地查看新邮件并回复它们，就永远也获得不了好好工作所需要的动力。我在第七天提到过，我们的大脑被干扰一次，就需要 20 多分钟的时间才能回到正轨。你每隔几分钟就查看并回复邮件，结果可想而知。

第三，它将使你焦虑不安。我们开始担心收件箱里等着我们回复的邮件。我们一担心，注意力就从更重要的事情上移走了。

第四，邮件开始消耗我们“正常”邮件之外的时间。比如，到了晚上，我们本该放松下来，准备睡觉，却躺在床上回复着邮件。我们周末的时候要花时间回复邮件，没时间陪家人和朋友。

过于重视邮件还有个坏处：它将影响其他人对我们回复邮件的看法。倘若我们迅速回复新邮件，收件人就会希望我们继续这么做。我们无形中给自己带来了很多压力。

下面这个行动计划，将把回复邮件这件浪费时间的事情转变为提高生产力的工具。有些步骤似乎有违常理。它们也许将挑战你的冲动。但只要你把它们融入到自己的生活，我保证你能够完成更多重要的工作。

行动步骤

1. 关闭邮件提醒。倘若你设置了新邮件提醒，每当新邮件送达就会打扰你的工作，那就关掉它。

2. 每天选择两个时间段查看邮件（我在第七天推荐过这种做法）。比如，早上 11 点和下午 5 点查看邮件。查看邮件的时间必须符合你的实际情况。如果可能的话，尽量不在早上查看邮件，以免浪费自己效率最高的时间。

3. 安排查看和回复邮件的时间段。比如，你也许每次安排 20 分钟的时间查看并回复邮件。时间长短取决于你的实际情况。但要根据帕金森定律（“工作会膨胀，以填满所有可用的时间”）来限制自己的时间。

4. 到了疲惫的时候再查看和回复邮件。比如，午饭过后。这样一来，你就会发现自己更能够忍住诱惑，不去查看和回复过多的邮件。你也更容易忽略那些本就不需要自己回复的邮件。

5. 保证不在深夜和周末回复邮件。情况紧急在所难免，但很少出现。此外，倘若有人真的急着找你，多半会给你发短信或是打电话。

6. 随便删除或存档。几年前，我在美国企业界工作的时候了解到，只有少数几封邮件需要回复。诚然，每个人都希望收到回复。但我们通常没必要一一回复他们。你可以随意删除或存档邮件。起初，这么做也许很难。毕竟你在否定自己喜好的同时，还挑战着他人的期望。不过，你删除或存档的越多，就越容易做到这一点。倘若你能够向同事和朋友好好解释，让他们明白你是在想办法提高自己的效率，你就会发现，大多人都能够接受并理解你的做法。还有些人也被邮件搞得焦头烂额，他们甚至会向你表示同情。

7. 如果有急事，请让别人给你打电话。这样做能够改变他们对你快速回复邮件的期望。这会让他们明白，你可以帮他们（即便你已经下决心回绝他们），同时向他们表达你把控时间的愿望。

8. 回复邮件不超过五句话。这样一来，你就能够更快地回复邮件。你将发现，很少有人对你简洁的回复有微词。很多人甚至会感谢你。记住，简洁并不是糊弄。为了做到这一点，你的邮件必须包含必要的细节。只要简洁扼要。很多人只是浏览邮件，并不细读，知道这一点，也许会对你有所帮助。简洁对彼此都有好处。

第三十天
别再纵容自己偏离目标

目标逼着我们采取行动。它们鼓励着我们追求原本想放弃的事业。它们将我们远大的抱负和当前的行为联系起来，激励着我们养成更好的习惯来替代坏习惯。

比如，假设你打算学习一门新的语言。想要流利地说出一门新的语言需要数年的时间，所以学习语言是我们长期的目标。实现这个目标的唯一方法就是当下好好努力。这意味着每天安排时间背诵新的单词短语、克服这门语言给非母语人士带来的特殊挑战。

假设你打算开辟副业，为每个月创收。这份副业或许需要几个月的时间才能给你带来固定收入。在这个过程中，你需要创建产品或服务、设计营销策略、搭建网站、嫁接支付通道（这才刚刚开始）。其间充满变数，但只要你每天有所行动，就能始终处于优势地位。

不幸的是，我们很容易偏离目标。从清晨爬下床到晚上钻进被窝，我们每一天都会遇到各种各样的问题。我们更愿意及时行乐，而将帮助我们实现目标的习惯抛在一边。

倘若真是这样，我们就有可能破坏自己的生产力，影响自己的进步。

这个坏习惯如何破坏生产力

想想我们身上有利于自己实现目标的特质。我们不论是学习一门新的语言，开辟一份副业还是在寻求晋升，其本质都是一样的。我们必须勤奋、专注、有毅力。这就需要我们关注细节，有能力拒绝别人，还需要我们始终抱有一颗追求上进的心。

值得注意的是，这些特质在那些能够经常完成大量重要工作的人身上表现得高度一致。想想你认识的效率极高的人。他们很有可能也具备上述特质。

在我们设定目标的时候，都会暗自培养和保持这些特质。它们隐藏在我们的习惯和行为规律当中。唯一能够让我们偏离目标的方法就是放弃它们。比如，我们开始偷懒、贪玩不工作。我们听凭脸书、奈飞和优酷破坏我们的注意力。我们纵容自己答应别人的请求，任由别人的需求占据我们自己的需求的位置。

这些选择阻碍了我们的生产力，认识到它们的破坏力尤为重要。它们瓜分我们的注意力资源，使我们几乎没有精力去做有价值的重要工作。

你也许早已定下目标，却在人生的某个时刻放弃了它。你没准还想努力实现它们，只是发现很难再回到正轨。你或许正在实现目标的初级阶段，却担心周围各种各样的干扰使你迷失方向。下面的行动计划立竿见影，它能够帮助你始终如一地奔着目标前进。倘若你已经迷失了方向，它还可以带你回到正轨。

行动步骤

1. 思考你想实现某个目标的原因。你的目标不可能凭空出现。一定是什么动机促使你定下了这个目标。究竟是什么动机呢？比如，你是不是打算去香港生活，而香港的官方语言是汉语，所以你才特别想说一口流利的汉语？你是不是想开辟副业创收，好带一家人出去度假？提醒自己，动机令我们集中精力。

2. 分解目标。设定里程碑和最后期限。然后，找出有助于实现这些目标的日常行为习惯。比如，你没准打算月底前背会 250 个短语。你估计要实现这个目标，每天就需要练习 30 分钟。将每一个目标当作里程碑、最后期限和日常行为习惯的集合体。这样做可以使你的目标从单纯的梦想变为可以实现的抱负。

3. 将你每天需要做的事情添加到待办事项列表和工作日历中去。每天腾出固定的时间处理它们，以免遗漏。比如，你没准会腾出 18:30 到 19:00 这 30 分钟的时间学习普通话。把它记在你的日历上，以防其他事情占据这段时间。

4. 养成集中注意力的习惯。除了每天某个时间段必须要做的事情，控制自己不去注意其他任何东西。比如，每天18:30到19:00，给自己找一个单独的房间，然后关好门，关闭手机。你的注意力越集中，效率就越高。

5. 减少不必要的活动，规避不合理的义务。正如我们反复强调的那样，你的时间和精力是有限的。将有限的时间和精力留给更高价值的工作、留给自己的目标至关重要。倘若你通常每天在奈飞上看八小时的电视剧，就要缩减这个时间。倘若你每天早晨载着朋友去上班，就想想自己有没有义务这么做。如果你不清楚自己的时间花在了哪里，就用追踪和记录时间花费方式的应用程序追踪两周。

6. 提前一小时起床。不可否认，这一点并不适用于所有人。有些人熬夜工作时效率才最高。但对我们绝大多数人来说，早起能够提高工作效率（假设我们睡得不错）。我建议你一点点适应，每天早起一会儿。比如，假设你通常6点起床。那就花几天时间5:50起床。在接下来的几天中5:40起床。然后5:30、5:20，以此类推，直到能够在你期望的时间起来。

7. 优先去做与实现目标相关的事情，抵达目标中途的里程碑。还用我们先前提到的例子，假设你想说一口流利的汉语。记住这个目标以及目标背后的动机十分重要。但更重要的是，每天坚持练习30分钟（每天要做的事情），并记住上文提到的250个短语（里程碑）。这些都在你的把控之中。

结语

整本书中，我更多地在谈论可行的方法，并非理论。在我看来，把过多的时间浪费在理论上更容易迷失方向。想实现个人成长，有目的地行动起来才是关键，理论无关大局。

我还认为，摇旗呐喊仅次于理论。诚然，鼓励和士气很重要，我也在书中适时地为你们加油喝彩。然而到了某些时候——趁早不趁晚，不再摇旗呐喊，踏踏实实行动，才能改变你的生活。

明白了这两件事，我希望你能够将这本书中提到的所有行动步骤应用起来。倘若你真这样做了，我相信，你一定能够发现自己的习惯和日常行为有了显著且令人鼓舞的变化。从长远来看，你必将获得极大的满足。

关于作者

达蒙·扎哈里亚德斯的环境中工作。直到他独立创业，才摆脱了这种窘境。如今，他不但撰写了越来越多的时间管理方面的著作，还策划了生产力博客 ArtofProductivity.com。

闲暇时间，他还在内容营销活动中展现出优秀的文案创作能力。而内容营销活动正是如今新兴企业用来吸引客户的主要手段。

达蒙同支持他的漂亮妻子以及一条活泼的小狗共同生活在加利福尼亚州的南部。他很快就要迎来自己 50 岁的生日啦。